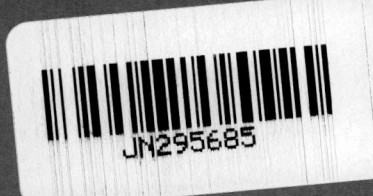

子どもが野球をはじめるときに知っておきたい

少年野球のルール

はじめに

子どもが野球をやりたいと言い出したけれど、野球のルールを知らない。子どもが少年野球チームに入ったけれど、バッターボックスでの立ち方や打ったら走るということを知らないし、どこへ走っていいのかもわからないようだ。自分自身、野球のルールをよく知らないので、子どもに質問されてもわからない。子どもにちゃんと教えられない。と、お悩みのお父さんやお母さんがけっこういます。

確かに野球のルールはたくさんありすぎて、ルールブックの厚さは1センチ以上にも及びます。それをまったく野球経験のない人が読みこなすとなると、チンプンカンプンでさっぱりよくわからないということになります。

そこで、子どもが野球を始めるときに、ある程度は知っておきたいというルールを並べてみました。

まずは、ダイヤモンドとはなにか、マウンドとはなにか、バッタースボックスは見たことあるけれど、キャッチャースボックスとかコーチスボックスって、なんのためにあるのだろう？ストライクとボールをどこで見分ければいいのだろう？　どこに飛んだらファウルなんだろう？　といった素朴な疑問による基本ルールから、アウトとセーフの違いや一塁から二塁・三塁・本塁へと順番に走ること等々。さらにピッチャーの投げ方、牽制球の投げ方など、子どもが野球を始めるときにこれだけは知っておきたいというルールをイラストで詳しく説明してみました。

これから野球を始める、あるいは少年野球チームに入ってこれから本格的に野球に取り組むという子どものお父さん、お母さんのお役に少しでも立てれば嬉しい限りです。

本間正夫

CONTENTS

1 総扉
3 はじめに

SCENE 1 基本ルール

8 グラウンドとダイヤモンド
10 スリーフットライン
11 マウンドとピッチャープレート
12 バッタースボックス
13 ネクストバッタースボックス
14 キャッチャースボックス
15 コーチスボックス
16 フェアボールとファウルボール（1）
18 フェアボールとファウルボール（2）
20 ボールインプレーとボールデッド
22 チームのユニフォームは同じデザイン、同じ色で統一する

SCENE 2 打者のルール

24 バッターは必ずヘルメットをかぶる
26 ネクストバッタースボックスで待つ
28 バッタースボックスに立って打つ
30 ストライクゾーン
32 スリーストライクを宣告されたら三振
34 スリーストライクの前にフォアボールで出塁できる
36 ボールでもストライクになる場合がある
38 フライ、ライナーを直接捕球されたらアウト
40 バッターが一塁到達する前に一塁送球されるか体にタッチされたらアウト
42 三振しても一塁に出塁できる場合がある（振り逃げ）
44 インフィールドフライが「宣告」されたらバッターアウト
46 打順を間違えてしまったら?
48 ワンバウンドの投球を打ってもかまわない
50 デッドボールでも空振りしたらストライク

SCENE 3 走者のルール

52 打ったら一塁へ走る
54 オーバーラン
56 フォースアウトとタッチアウト
58 ベースからリードしてもよい
60 牽制球が投げられてきたときにベースに戻るのが遅かったらアウト
62 ライナー、フライが捕球されたらランナーはベースに戻る
64 フライが捕球されたときは「タッチアップ」で走ってもよい

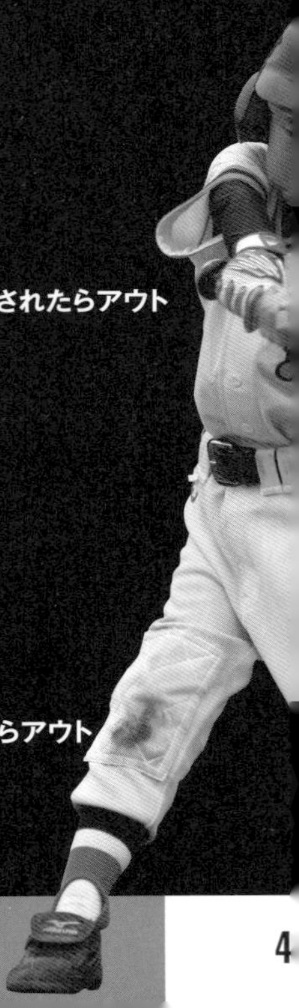

66 フライが上がったら「ハーフウエー」で打球を見る
68 ピッチャーが投球したら「盗塁」してもかまわない
70 ピッチャーが投球しなくても「盗塁」してかまわない
72 ランナーの守備妨害
74 ランナーのベースの「占有権」
76 ベースを踏み忘れたら?
78 ランナーの「進塁の放棄」
80 ラインアウト
82 前のランナーを追い越してしまったらアウト

SCENE 4 投手のルール

84 ワインドアップとノーワインドアップ
86 セットポジション
88 ピッチャーのボーク
90 ピッチャーの牽制球(1)
92 ピッチャーの牽制球(2)
94 ピッチャーの牽制球(3)
96 セットポジションをとったあと、一方の手をボールから離したら
97 セットポジションで「静止」しなかったら
98 投球を途中でやめたら
99 ランナーのいない塁に牽制球を投げたら
100 バッターに正対しないで投げたら
101 ピッチャープレートを踏まないでモーションを起こしたら
102 ボールを持たないで、ピッチャープレートに立ったら
103 ピッチャープレートに触れているときにボールを落としたら
104 バッターが構える前に投げたら
105 牽制球をベースから離れている内野手に向かって投げたら
106 キャッチャーのボーク
107 牽制球は何球投げても構わない?
108 指先にバンドエイドをして投げたら

SCENE 5 守備のルール

110 守備位置
112 守備は交代する
114 正しい捕球
116 正しい捕球と認められない場合
118 タッチプレー
119 フォースプレー
120 ダブルプレー
121 トリプルプレー
122 フィルダースチョイス
123 アピールプレー
124 打撃妨害
125 走塁妨害
126 インフィールドフライとは?
128 奥付

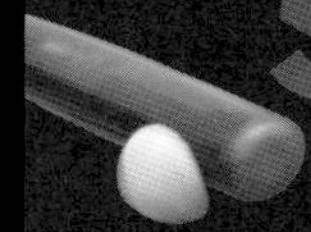

子どもが野球をはじめるときに知っておきたい
少年野球のルール

SCENE 1
基本ルール

ダイヤモンドの大きさは決まっている

野球のグラウンドの広さは、学童野球の場合、両翼70メートル、センター 85メートルと規格が決まっていますが、学校の校庭や公園のグラウンド、河川敷のグラウンドを使って行われる場合には、必ずしもこの規格通りに試合ができるとは限りません。しかし、「ダイヤモンド」の大きさだけはどこでも規格通りに作られています。

ダイヤモンドとは、本塁、一塁、二塁、三塁を結んだ四角形のことです。その真ん中にピッチャーの投げるマウンドがあり、その中心にピッチャープレートがあります。

グラウンドとダイヤモンド

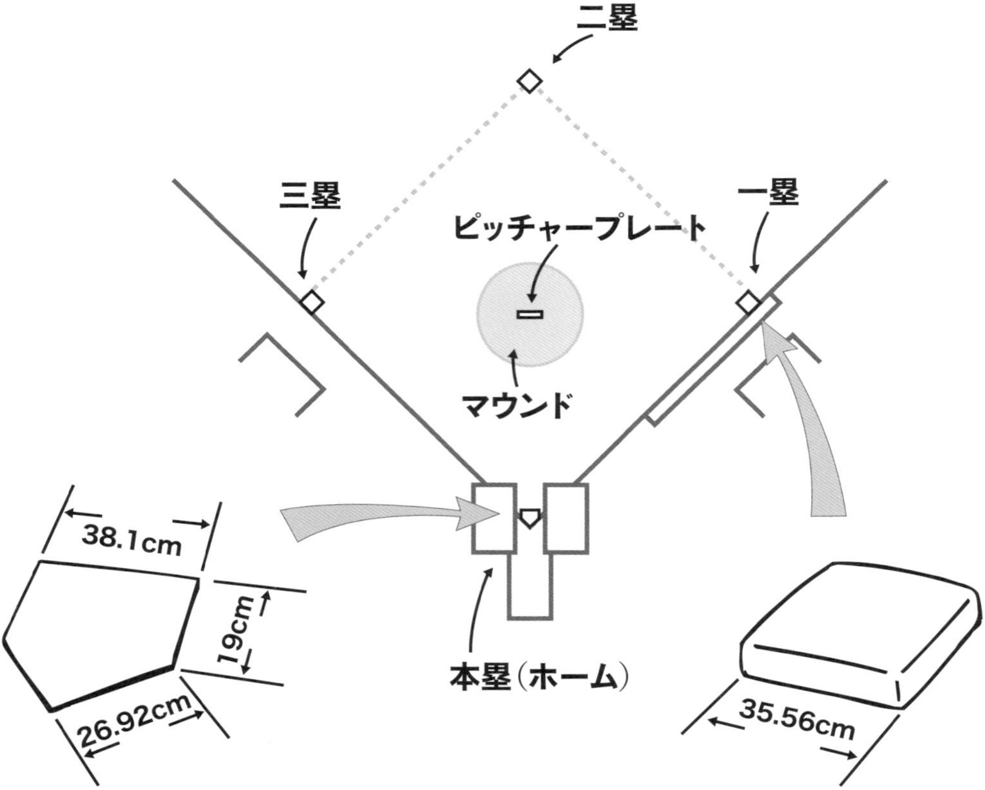

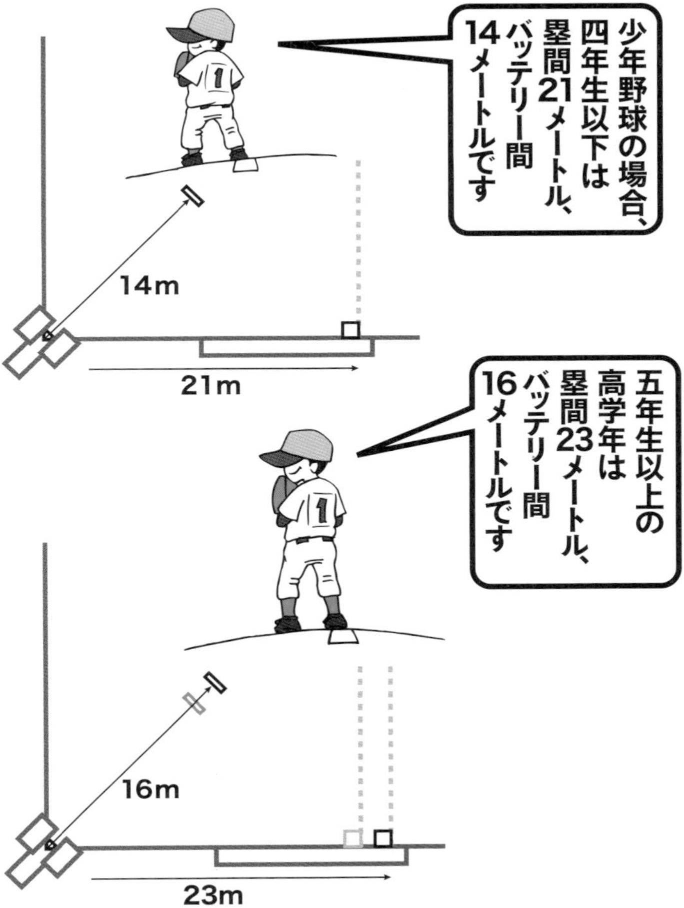

高学年と低学年とでは塁間の距離が異なる

本塁から一塁、一塁から二塁、二塁から三塁、三塁から本塁までの塁間の距離はすべて等しく、学童野球の全国大会はバッテリー間が16メートル、塁間が23メートルと決められているため、六年生は全国共通ですが、五年生以下の大会は地方によって、また連盟によってバッテリー間と塁間の距離が異なります。関東地方では、学童野球の四年生以下の低学年は塁間が21メートル、ピッチャープレートからからホームまでが14メートル。五年生以上の高学年は塁間が23メートル、ピッチャープレートからホームまでが16メートルになっています。

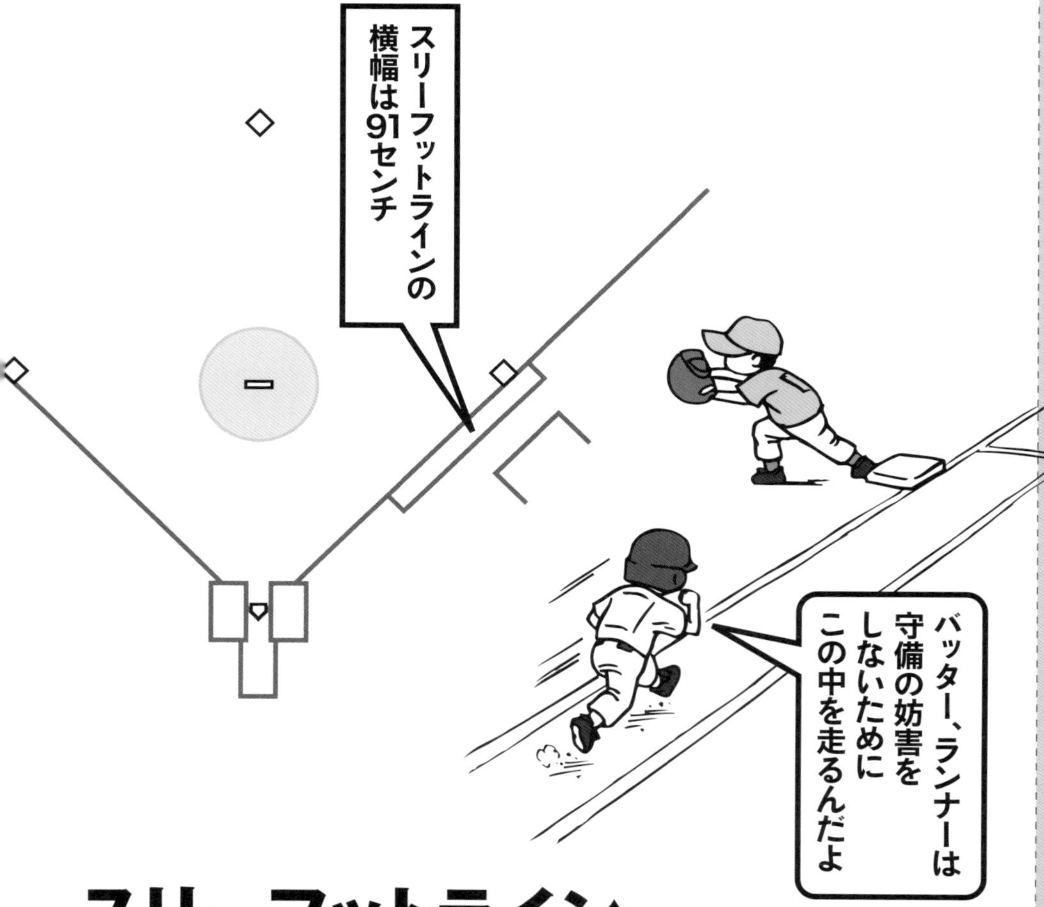

スリーフットライン

バッターランナーは この中を走る

ダイヤモンドの本塁から一塁までのラインの外側に平行に引かれているラインのことを「スリーフットライン」といいます。

これはバッターランナー（打つときはバッターであり、打ったらランナーになって一塁へ走るためにこう呼ぶ）が一塁へ走る際に、守備の妨害にならないようにこの中を走るようにひかれています。幅は約91センチです。

ピッチャーは必ず このピッチャープレートを 踏んで投球する

　ダイヤモンドの真ん中に小高い山のように盛り上がっているのが「マウンド」であり、その中心から少し後方の位置にある長方形の板のことを「ピッチャープレート」といいます。

　マウンドの高さは25.4センチでなだらかな傾斜になっています。

　ピッチャープレートは白いゴム製でタテ13センチ、ヨコ51センチです。ピッチャーは必ずこのピッチャープレートを踏んで投球しなくてはなりません。

マウンドとピッチャープレート

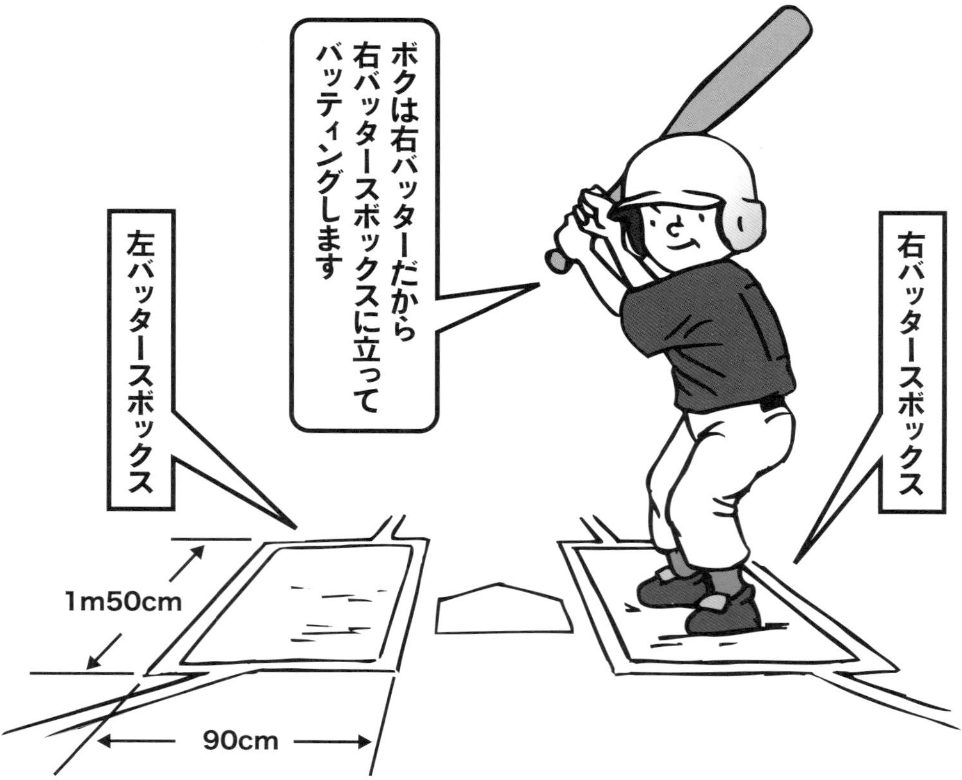

バッタースボックス

バッターは
バッタースボックスの中で打つ

　ホームベースをはさんだ左右にある長方形（タテ1メートル50センチ、ヨコ90センチ）の囲いのことを「バッタースボックス」といいます。ピッチャー側から見て右にあるのが右バッタースボックス、左にあるのが左バッタースボックスで、バッターはひとりずつこのバッタースボックスに立ってバッティングをします。

次のバッターが打つ順番を待つ場所

ベンチとバッタースボックスとの間にある円（直径1メートル30センチ）のことを「ネクストバッタースボックス」といいます。「ネクスト」とは「次の」という意味であり、バッタースボックスに立っているバッターの次のバッターが打つ順番を待つ「場所」のことです。

ネクストバッタースボックス

キャッチャーは
このキャッチャース
ボックスから
はみ出して構えては
いけないんだよ
90.1cm

キャッチャースボックス

キャッチャーは キャッチャースボックスの中で 構える

バッタースボックスの後方に2本のラインが引かれていますが、それがキャッチャースボックスです。幅は90.1センチあり、キャッチャーはこのラインからはみ出して構えてはいけないことになっています。しかし、投球がそれた場合には、この中から出て捕球することはかまいません。

コーチスボックス

ランナーに指示を出すコーチが立つ場所

ダイヤモンドの外の一塁ベースと三塁ベースの外側にある囲い（枠）のことを「コーチスボックス」といいます。

このコーチスボックスの中で「コーチ」がランナーに「ゴー！（行け）」とか「ストップ！（止まれ）」などの指示を出します。

学童野球では、この「コーチ」を選手がつとめます。

フェアボールとファウルボール(1)

野球には「フェア地域」と「ファウル地域」があり、打球が「フェア地域」に落ちたときにはフェアボールとなりそのままプレーを続行しますが、「ファウル地域」に落ちたときには、ファウルボールとなり試合は「一時停止」になって「打ち直し」になります。

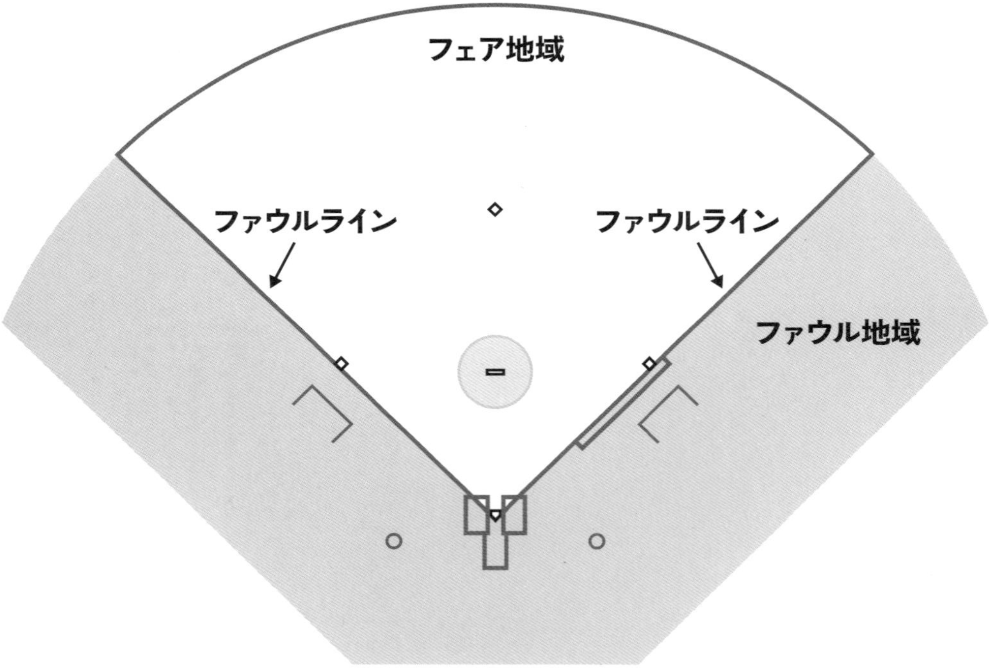

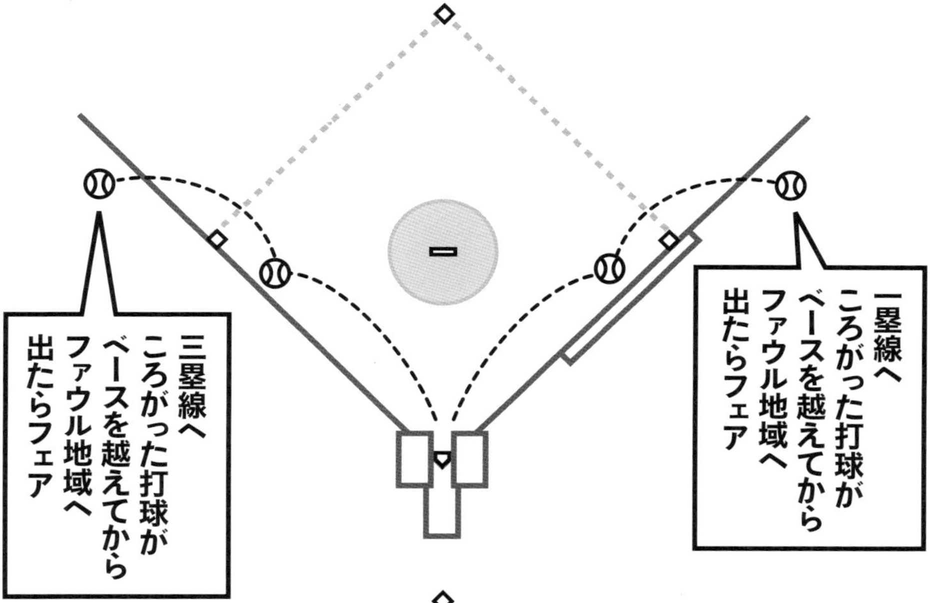
三塁線へ
ころがった打球が
ベースを越えてから
ファウル地域へ
出たらフェア
一塁線へ
ころがった打球が
ベースを越えてから
ファウル地域へ
出たらフェア

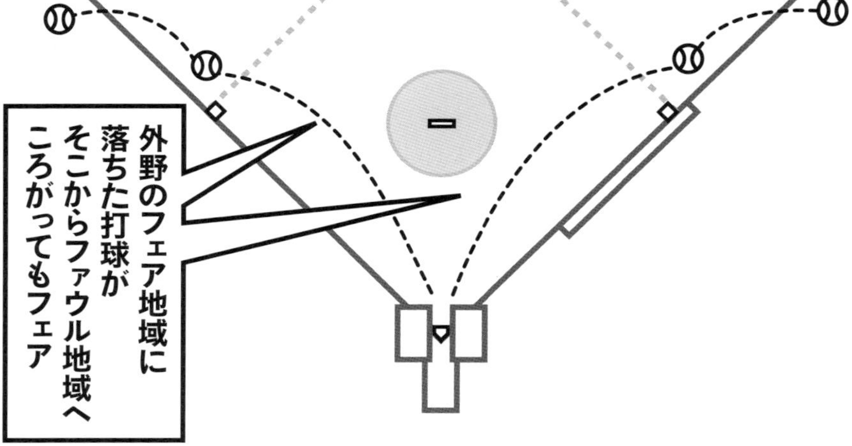
外野のフェア地域に
落ちた打球が
そこからファウル地域へ
ころがってもフェア

フェアボールとファウルボール（2）

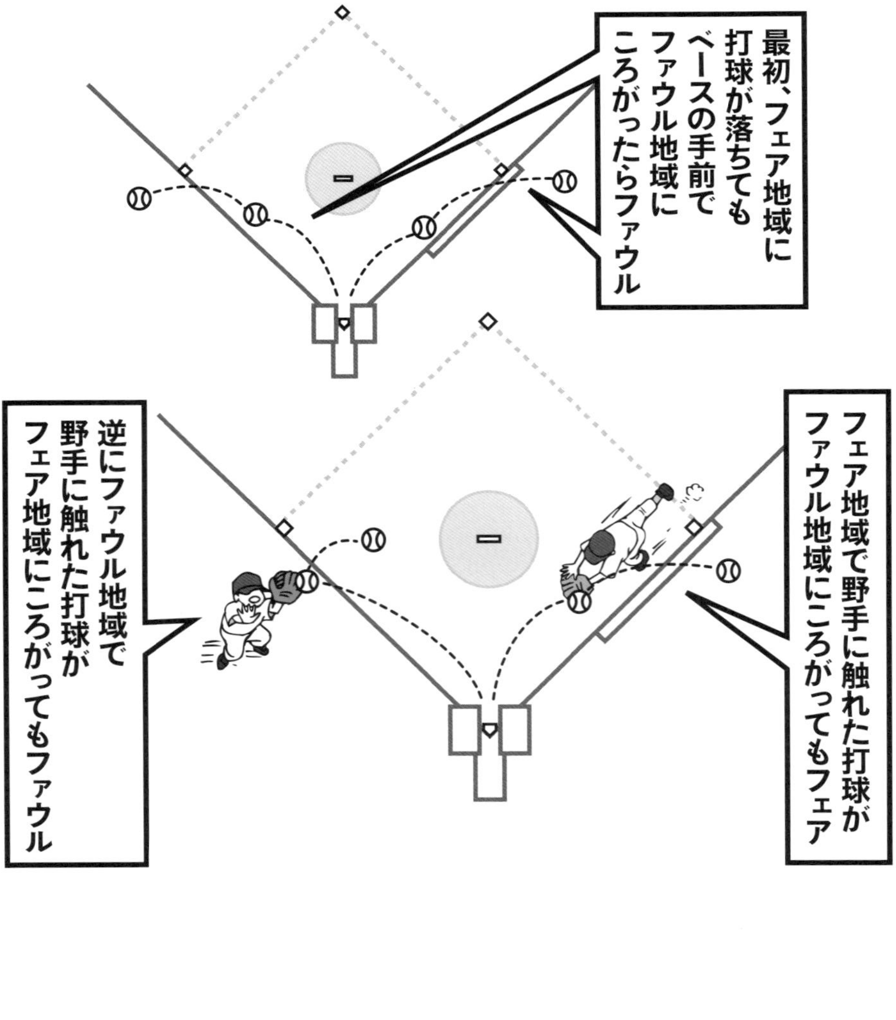

あれれ、これはファウル？フェア？
ベースを越えた打球がライン上に落ちたり、ベースを越えなくてもライン上に止まったりした打球はフェア
痛っ!!
打球がまだバッターボックス内にいるバッターに当たった打球は〝自打球〟といってファウル

ボールインプレーとボールデッド

試合には「進行状態」と「停止状態」がある

野球のルールでだいじなのが「ボールインプレー」と「ボールデッド」です。「ボールインプレー」は「インプレー」とも略されますが「試合進行状態」のことであり、「ボールデッド」とは「試合停止状態」のことです。

バッターがデッドボールを受けたり、打球がファウルボールになったり、球審が「タイム」をかけたときに「ボールデッド」になって、試合が一旦停止し、球審が「プレー」を宣したときに「ボールインプレー」になって試合は進行します。

チームのユニホームは同じデザイン、同じ色で統一する

極端に光るボタンやまぎらわしいボールのデザインは禁止！

野球の試合をするときには、同じチームの監督、コーチ、選手全員が同じデザイン、同じ色の帽子、ユニホーム、アンダーシャツ、ベルト、ストッキング、スパイクで統一しなくてはなりません。

また、同じデザインでも極端に光ってまぶしい生地やボタン、まぎらわしいボールのデザイン等も禁じられています。

SCENE 2

打者のルール

両耳付きヘルメット着用が義務付けられている

学童野球の場合、バッター、次のバッター、ランナー、ベースコーチはヘルメットの着用が義務付けられており、このヘルメットも同一チームでは、同じデザイン、同じ色に統一しなければなりません。

バッターは必ずヘルメットをかぶる

守備側の選手はヘルメットをかぶらなくてもよい

守備側の選手は、ヘルメットは着用しなくてもよいことになっています。ただし、捕手だけは、ヘルメット、レガース、プロテクターを着用しなければいけません。

ここで打つ
順番を
待つんだね

ネクストバッタースボックスで待つ

次のバッターが打つ順番を待つ場所

「基本のルール」のところで述べたように、ベンチとバッタースボックスとの間にある丸い囲みのことを「ネクストバッタースボックス」といい、次のバッターは自分の打つ順番が来るまで必ずこの場所で待ちます。

この場所で、相手ピッチャーの投げるボールのスピードや球種、配球などをじっくりと観察します。

ファウルフライが来たら速やかにどく

　ネクストバッタースボックスにいる際に、ファウルフライが来たら、守備の邪魔にならないように速やかにその場をどかないと「守備妨害」でバッターがアウト」になってしまいます。

バッタースボックスに立って打つ

バッターはバッタースボックスの中に立って打つ

バッターは一番から九番まで、ひとりずつ順番でバッティングをしますが、その際には必ずバッタースボックスに立ってバッティングをします。

ピッチャーが剛速球だったり、コントロールが悪かったりで、こわいからといって、バッタースボックスに入らずにバッティングをすることはできません。

バッタースボックスから足を出して打ったらアウト

バッターは必ずバッタースボックスの中に立ってバッティングをするということは、打つときも足を出して打ってはいけないということです。

バッターが打つときにバッタースボックスから足を出して打ったら、たとえヒットやホームランを打っても「取り消し」で「アウト」になります。

もちろん、前でも後でも横でも足を出してはいけません。なお、ラインの上はバッターボックスの一部とみなされます。

カッキーン!
やったーっ。ホームランだーっ
足が出ている!

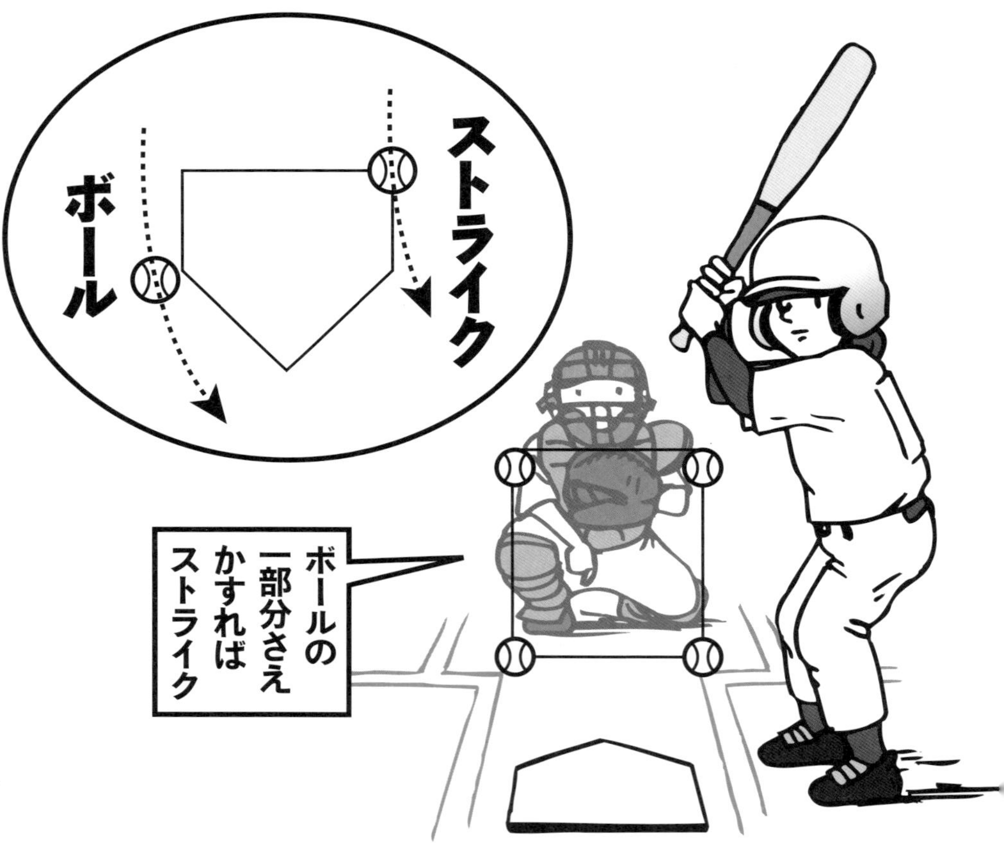
ボール
ストライク
ボールの
一部分さえ
かすれば
ストライク

ストライクゾーン

**ホームプレートの上を
ボールの一部分でも
通過すれば「ストライク」**

ピッチャーがバッターに投げてくるボールは、球審（キャッチャーの後に立っている審判）によって「ストライク」と「ボール」のどちらかに判定される。その判定の基準となるのが「ストライクゾーン」です。

その「ストライクゾーン」は「コース」と「高低」があります。コースはホームプレート上のストライクゾーンをボールの一部分が通過すれば「ストライク」です。

低めはひざ頭の延長線上にボールの一部分でも通過すればストライク

ストライクゾーンの「高低」はバッターの身長によって変わりますがバッターが打ちにいったときの、バッターの肩の上部とユニフォームのズボンの上部との中間点に引いた水平のラインを上限とし、ひざ頭の下部のラインを下限とします。

上限も、下限もボールの一部分さえ通過すれば「ストライク」になります。

ボールの
一部分さえ
かすれば
ストライク

スリーストライクを宣告されたら三振

ストライク３球で「三振」

　ピッチャーが投げたボールをバッターボックスに立っているバッターは、打っても見送っても構いませんが、このボールがストライクゾーンの中を通過すれば「ストライク」であり、３球通過すれば「スリーストライク」で「三振」になります。このボールを捕手が直接捕球すれば、バッターはアウトになります。

ツーストライクのあと、バントがファウルになったらアウト

バッターが打ったボールがフェア地域に入らず、ファウル地域に飛んだら「ボールデッド」になって打ち直しになりますが、「ツーストライク」からのバント、いわゆる「スリーバント」からのファウルは「三振」で「アウト」になります。

スリーストライクの前に フォアボールで出塁できる

ストライクを3つとられる前に「ボール」４球で出塁できる

「ストライク」を３つとられたら、バットを一度も振らなくても「三振」でバッターが「アウト」になると述べましたが、その前に「ボール」が４球あったら、バッターは「フォアボール」になり、無条件に一塁へ進塁できます。

フォアボール。
バッター一塁へ

デッドボールは無条件に出塁できる

デッドボールとは「死球」とも書きますが、ピッチャーの投げたボールが体の一部に当たることです。

この場合は「ストライク」や「ボール」の数に関係なく、「デッドボール」として一塁への出塁が許されます。

ただし、ストライクゾーン内のボールに当たったら「デッドボール」にならずに「ストライク」になります。

デッドボール。
バッター一塁へ
痛いっ

ボールでも
ストライクになる場合がある

「ボール」でも空振りしたら「ストライク」

明らかに「ストライクゾーン」を通過したボールは「ストライク」であり、見送っても3つとられたら三振ですが、「ストライクゾーン」を通過しない「ボール」でも空振りしたら「ストライク」です。

ファウルチップ、ファウルボールも「ストライク」

打ちにいったボールがバットにかすり、そのままキャッチャーのミットにおさまったら「ファウルチップ」、打ったボールがファウル地域に出たら「ファウルボール」といって、どちらも「ストライク」になります。

ファウルチップは「空振り」と同じく「ボールインプレー」ですが、ファウルボールは「ボールデッド」になります。

地面すれすれでも地面に落ちる前に捕ったらアウト
グラブに入っても落としたらアウトじゃないよ

フライ、ライナーを直接捕球されたらアウト

直接ノーバウンドでキャッチされたら「アウト」

バッターがたとえ打っても、その打球が地面に落ちたり、フェンス、ネットに直接触れたりする前に、グラブでキャッチされたら「アウト」になります。

まっすぐに飛んだ打球を「ライナー」といい、高く山なりのように上がった打球を「フライ」といい、どちらも直接ノーバウンドでキャッチされたら「アウト」です。

どんな痛烈なライナーでも捕ったらアウト
たとえファウルでもフライやライナーを捕ったらバッターはアウトだ

バッターが一塁到達する前に一塁送球されるか体にタッチされたらアウト

バッターが一塁に到達する前に、そのボールが一塁へ送球されたら「アウト」

フェア地域に打球がころがった場合、バッターが一塁に到達する前に、その打球が処理され、バッターよりも早くそのボールが一塁へ送球され、ベースに到達したら、バッターは「アウト」になります。

バッターが一塁に到達する前に、体にタッチされても「アウト」

　また、たとえ一塁送球がそれたり、一塁送球が間に合いそうになかったりしたときでも、バッターが一塁ベースに到達する前に、そのボール直接か、そのボールを掴んでいるグラブで体にタッチされたら「アウト」です。

よけてもダメ。
ボールを入れたグラブを
体に直接タッチしても
アウトだよ
パシッ

「スリーストライク」をキャッチャーが後逸したら「振り逃げ」チャンス

ピッチャーが投げたボールがストライクゾーンを３球通過するか、ツーストライクからバッターが空振りすれば「三振」と述べましたが、実は「三振」でもアウトにならない場合があります。

いや「アウト」どころか出塁できることだってあるのです。

それは、「スリーストライク」（実際に空振りしなくてもよい）をキャッチャーが後逸し、その後逸したボールをキャッチャーが一塁へ送球する前にバッターが一塁ベースに到達した場合です。このプレーを俗に「振り逃げ」といいます。

三振しても一塁に出塁できる場合がある（振り逃げ）

キャッチャーが後逸したぞ一塁へ走れーっ
しまったあ。空振りで三振しちゃった

三振の振り逃げが成立しないときもある

しかし、どんな場面でも「振り逃げ」が成立するわけではありません。無死とか一死で、一塁にランナーがいる場面では「振り逃げ」は成立しません。

ただし、二死だったら一塁にランナーがいても「振り逃げ」は成立します。

つまり、無死、一死のときは、ランナーが二塁とか三塁の場合や、あるいは二塁と三塁にいる場合に成立します。

二死の場合だったら、ランナーが一塁とか二塁とか三塁とか、一塁・三塁、二塁・三塁、満塁の場合でも「振り逃げ」ができるというわけです。

ランナーが一塁にいるときは振り逃げできないんだよな
でもツーアウトだったらランナーが一塁にいても振り逃げできるんだよ

インフィールド
フライ！
バッターアウト

インフィールドフライが「宣告」されたらバッターアウト

無死あるいは一死でランナーが一塁・二塁または満塁の場面で成立する

　バッターが内野フライを打ち上げた場合、球審が「インフィールドフライ」を宣告したら、その打球が捕球される前でも、たとえ落球してもバッターは「アウト」になります。

　それは、無死あるいは一死でランナーが一塁・二塁または満塁の場面であり、内野手が落下点に入った時点で「インフィールドフライ、バッターアウト」になります。

フライを落としたらランナーは走ってもよい
フライを落としてもバッターはアウト

「インフィールドフライ、バッターアウト」が宣告されてもボールインプレー

「インフールドフライ」を宣告されたらバッターは「アウト」になるが、落球した場合には「ボールインプレー」なので、ランナーはチャンスさえあれば、次の塁へ走っても構いません。

打順を間違えてしまったら？

打順間違いは打順を抜かされたバッターがアウト

　打順を間違えて打ってしまった場合には、守備側のチームが球審に指摘すれば、打つべきだった打順のバッターがアウトになり、間違えて打ったバッターはもう一度「打ち直し」ということになります。

途中で気が付いたら、そのまま代われる

しかし、バッターボックスに立っている時点で打順間違いに自ら気づいた場合は、そのカウントのまま、正式の打順のバッターに変わることができます。

つまり、間違えたままのバッターがヒットを打った場合には、そのヒットが取り消され、打順を抜かされたバッターも「アウト」になってしまうというわけです。

ワンバウンドの投球を打ってもかまわない

「ワンバウンドを打ってはいけない」というルールはない

ワンバウンドの投球はあきらかに「ボール」であり、ほとんど打ちに行くバッターはいないと思われますが、もしも打ってしまってヒットになった場合は、そのままヒットになります。なぜなら「ワンバウンドを打ってはいけない」というルールはないからです。

ワンバウンドしたボールでも体に当たったらデッドボール

　つまり、ワンバウンドでもノーバウンドと同じ投球なのですから、体に向かってきた場合、よけきれずにそのままワンバウンドして体に当たれば「デッドボール」になります。

うわーっ、
よけようと思ったのに
ワンバウンドして
当たっちゃったーっ
痛い！
ドシッ

しまった。
デッドボールなのに
空振りしちゃった。
一塁へ行けるのかなあ
ブーン

デッドボールでも空振りしたらストライク

「空振り」したら、どんなボールでも「ストライク」

内角いっぱいの投球を打ちにいったら「空振り」してしまって「デッドボール」になってしまった。あるいは、デッドボールをよけようとしてバットを振ってしまい、結果的に「空振り」になってしまった。

この場合、判定は「空振り」しているために「ストライク」になります。

SCENE 3

走者のルール

ダイヤモンドを左回りに走る

バッターはボールを打ったら必ず一塁へ走ります。決して三塁へ走ってはいけません。

バッターは打った瞬間から「バッターランナー」になり、この「バッターランナー」が、一塁、二塁、三塁、そして本塁へと、「ダイヤモンド」を左回りに一周すると得点になります。

打ったら一塁へ走る

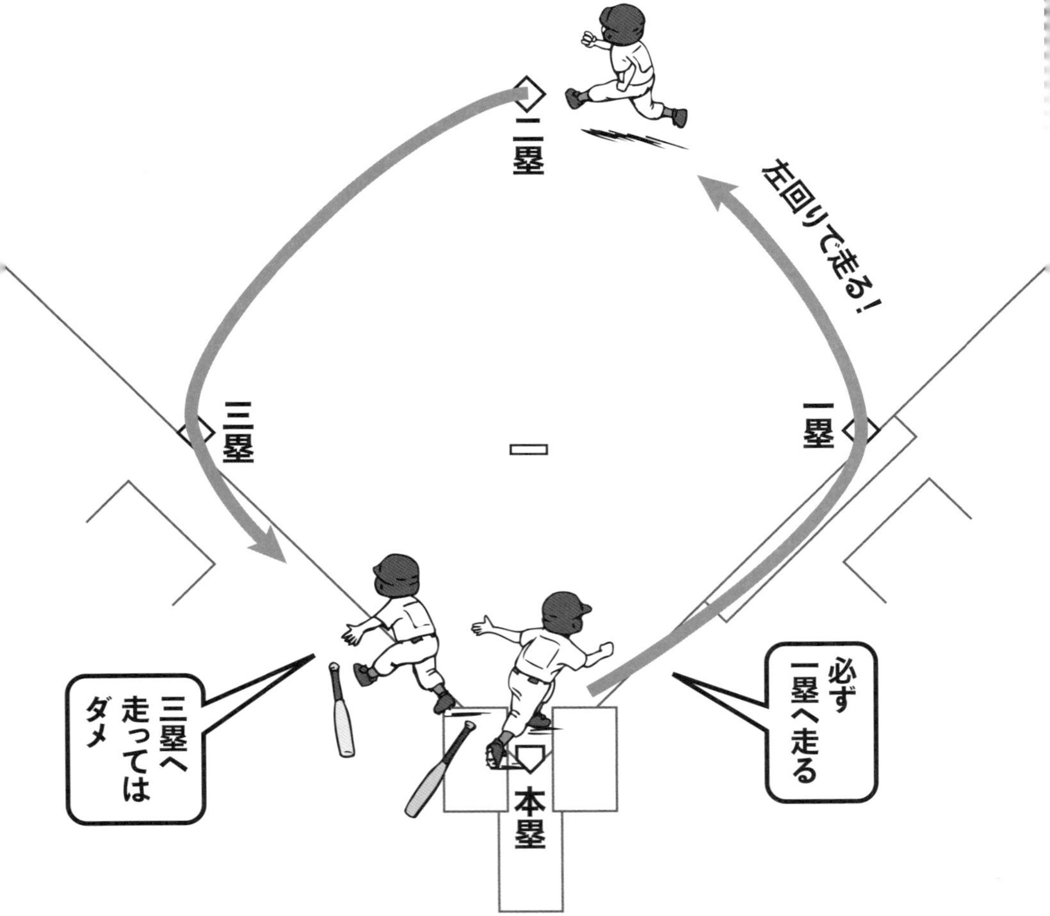
二塁
左回りで走る！
三塁
一塁
三塁へ走ってはダメ
必ず一塁へ走る
本塁

スリーフットラインの中を走るんだ

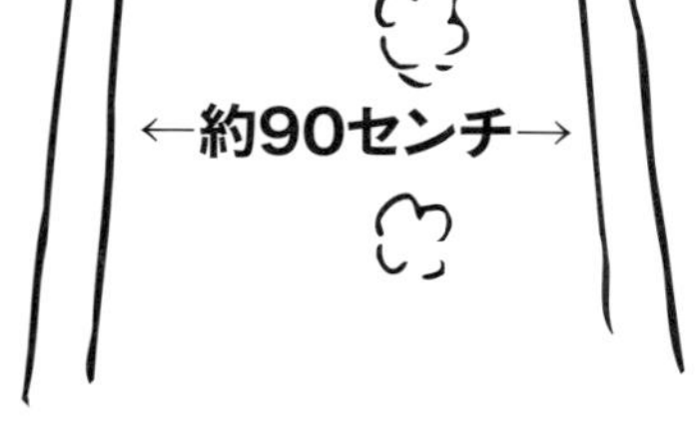
←約90センチ→

スリーフットラインの中を走る

バッターはボールを打って「バッターランナー」として一塁へ走り出したら、スリーフットラインの中を走ります。

このときに、フェア地域を走っていて、わざとではなくても、送球や捕球の邪魔になった場合には「守備妨害」になりますので、必ずスリーフットラインの中を走りましょう。

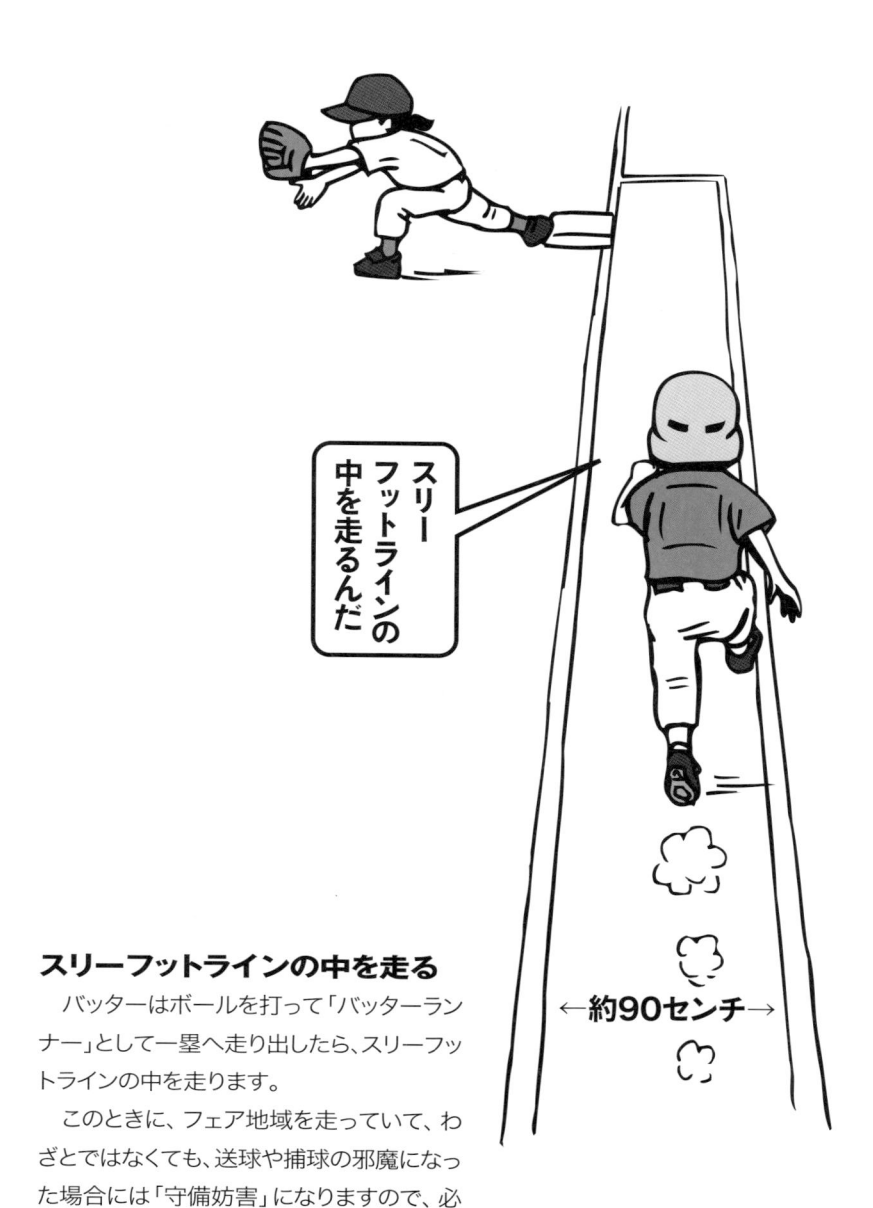

バシッ
一塁はかけぬけOK!
本塁もかけぬけOKなんだよね

オーバーラン

一塁と本塁は駆け抜けてよい

ランナーはベースから離れているときに、ボールで直接か、ボールを掴んでいるグラブでタッチされれば「アウト」になってしまいますが、一塁と本塁だけは、ベースさえ踏めば、そのまま駆け抜けてもよいことになっています。それを「オーバーラン」といいます。

ただし、一塁は、駆け抜けたあと、すぐにベースへ戻らなかったり、二塁へ走るそぶりを見せたりした場合、タッチされれば「アウト」になります。

「同時」は「セーフ」？

バッターランナーが一塁ベースを駆け抜けるときに、ファーストが送球を受けるのとバッターランナーの足がベースを踏むのが同時だった場合、どうなるのかというと、ルールブックに「打者走者（バッターランナー）が一塁に触れる前にタッチ、もしくはベースタッチされるとアウト」と記してあるため、同時は「セーフ」ということになります。

一塁ランナーは
二塁で
フォースアウトに
なっちゃうんだ

フォースアウトとタッチアウト

フォースアウトになるとき

ランナーが「アウト」になる場合、「フォースアウト」と「タッチアウト」があります。

「フォースアウト」というのは、ランナーが一塁にいるときは二塁、一塁・二塁にいるときは二塁、三塁、満塁のときは二塁、三塁、本塁に、バッターのバウンドした打球が処理され、ランナーが到達する前にそのボールがベースタッチされれば「アウト」になります。先の走者から順番にアウトにしていく場合は「フォースアウト」になりますが、後の走者を先にアウトにした場合は、その後のプレーは「フォースアウト」にはなりません。

タッチアウトになるとき

「タッチアウト」というのは、ランナーがベースから離れているときに、ボールで直接か、ボールを掴んでいるグラブでタッチされれば「アウト」になります。たとえば、スライディングしたときに勢いあまってベースから飛び出してしまうことを「オーバースライド」といいますが、「オーバースライド」してしまったときにもタッチされれば「アウト」になります。

リー
リー
リー
ランナーはベースから離れてリードしてもかまわない
タッチされたらアウトかあ？

ベースからリードしてもよい

次の塁を狙うためにリードする

ランナーは、一塁でも二塁でも三塁でも、少しでも次の塁（ベース）に近づくために、現在いる塁（ベース）から離れて、リードしても構いません。ただし、ベースからリードしているときに、ボールで直接か、ボールを掴んでいるグラブでタッチされれば「アウト」になります。

ファウルのときは、ランナーは必ず一度ベースに戻る

ランナーは牽制球が投げられてきても帰塁できる範囲までリードし、ピッチャーの投球と同時にさらにリードし、バッターが打ったら次の塁へ向かってスタートします。

ただし、打球がファウルになった場合には、また塁に戻り、しっかりとベースタッチしなければなりません。

どうせまたリードするのだからといって、戻らないと審判から注意されます。

ダメだよ。
ファウルのときは
ちゃんとベースに
戻らなくっちゃ
どうせ
リードするのに
なあ……

牽制球が投げられてきたときにベースに戻るのが遅かったらアウト

ベースから離れているときにタッチされたら「アウト」

ランナーはいくらリードしても構いませんが、ベースから離れているところで、ボールあるいはボールを掴んでいるグラブでタッチされたら「アウト」になります。つまり、牽制球が投げられてきたときに帰塁できずにタッチされたら「アウト」になります。

キャッチャーからの牽制球もある

牽制球というと、ピッチャーからの牽制球のイメージが強いと思われますが、牽制球はキャッチャーが投げても構いませんし、ピッチャーからの牽制球と同じように、ランナーが帰塁できずにタッチされたら「アウト」になります。

牽制球はピッチャーからだけだとはかぎらないぞ
しまった。キャッチャーから牽制球がきた

ライナー、フライが捕球されたらランナーはベースに戻る

フライ、ライナーが捕球されたら帰塁しなくてはならない

ランナーは、バッターが打ったら次の塁へ向かってスタートしますが、打球がフライとか、ライナーになった場合には、途中でストップし、そのフライ、ライナーが捕球されたら、素早く帰塁します。

ライナー、フライが捕球されたのに、ランナーが走ってしまったら？

打球がライナー、フライになったのにも関わらず、ランナーが帰塁しないでそのまま走ってしまった場合には、捕球されたボールがそのランナーが帰塁しなかったベースに転送されたら「アウト」になります。この場合、まずバッターが「アウト」になり、次に帰塁できなかったランナーも「アウト」になるため、ダブルプレーということになります。

二人のランナーが帰塁できなかったら「トリプルプレー」が成立します。

フライが捕球されたときは「タッチアップ」で走ってもよい

一度ベースを踏みさえすれば次の塁を狙って走っても構わない

フライやライナーが捕球されたら、ランナーは一度ベースを踏みさえすれば次の塁を狙って走っても構いません。それを「タッチアップ」といいます。

たとえばランナー三塁で外野へ大きなフライが上がった場合、ランナーはリードしているところから一度戻り、ベースを踏んだまま、外野手の捕球を待ち、捕球したらホームへ向かってスタートし、返球を受けたキャッチャーにタッチされる前にホームインすれば１点とれるというわけです。

タッチアップは
どこの塁からでもOK

　また、この「タッチアップ」は三塁ランナーだけではなく、一塁からでも二塁からでも、たとえファウルフライでもできます。

　ただし、この「タッチアップ」が野手の捕球よりも早かった場合は、野手の「アピール」によって「アウト」になります。

二塁からでも
OK!

タッチアップは
一塁からでも

フライが上がったら「ハーフウエー」で打球を見る

捕球されたら帰塁できるぎりぎりのところまでリードする

フライが上がった場合、あきらかに「タッチアップ」できないようなフライがあります。

たとえば、浅い外野フライや、外野と内野の中間のフライ、内野フライなどのときです。そんな場合は「ハーフウエー」といって、打球が落ちた場合には次の塁を狙って走るために、捕球されたら帰塁できるぎりぎりのところまでリードして捕球かどうかの結果をみます。

捕球されずに打球がグラウンドに落ちたら次の塁を狙って走る

ランナーは「タッチアップ」できそうもないフライが上がったら「ハーフウエー」で打球の行方（捕球かどうかの結果）をみて、捕球されたら素早く帰塁し、捕球されずに打球がグラウンドに落ちたら次の塁を狙って走ります。

ダメだ。間に合わない
ポーン
ポテンヒット
ハーフウエーをとっておいてよかった。ホームインだ

ピッチャーが投球したら「盗塁」してもかまわない

打球以外にも次の塁へ進むことができる

ランナーはバッターが打つか、バントするかの打球によって次の塁へ進むわけですが、バッターの打った打球以外にも次の塁へ進むことができます。それが「盗塁」です。

「盗塁」は「盗む塁」と書くように、相手守備のスキを突いて次の塁を狙って走ります。一般的にはピッチャーの投球と同時にスタートをきって走り、キャッチャーからボールを受けた野手からタッチされる前に体の一部（足か手）がベースに触れればセーフです。

「盗塁」はどこから走ってもOK

また、この「盗塁」の場合、一塁からでも、二塁からでも、三塁からでも、どこからでも走っても構いませんし、ひとりだけでなく、2人同時に「盗塁」しても構いません。２人同時に「盗塁」することを「ダブルスチール」、三塁ランナーが本塁へ向かって「盗塁」することを「ホームスチール」といいます。

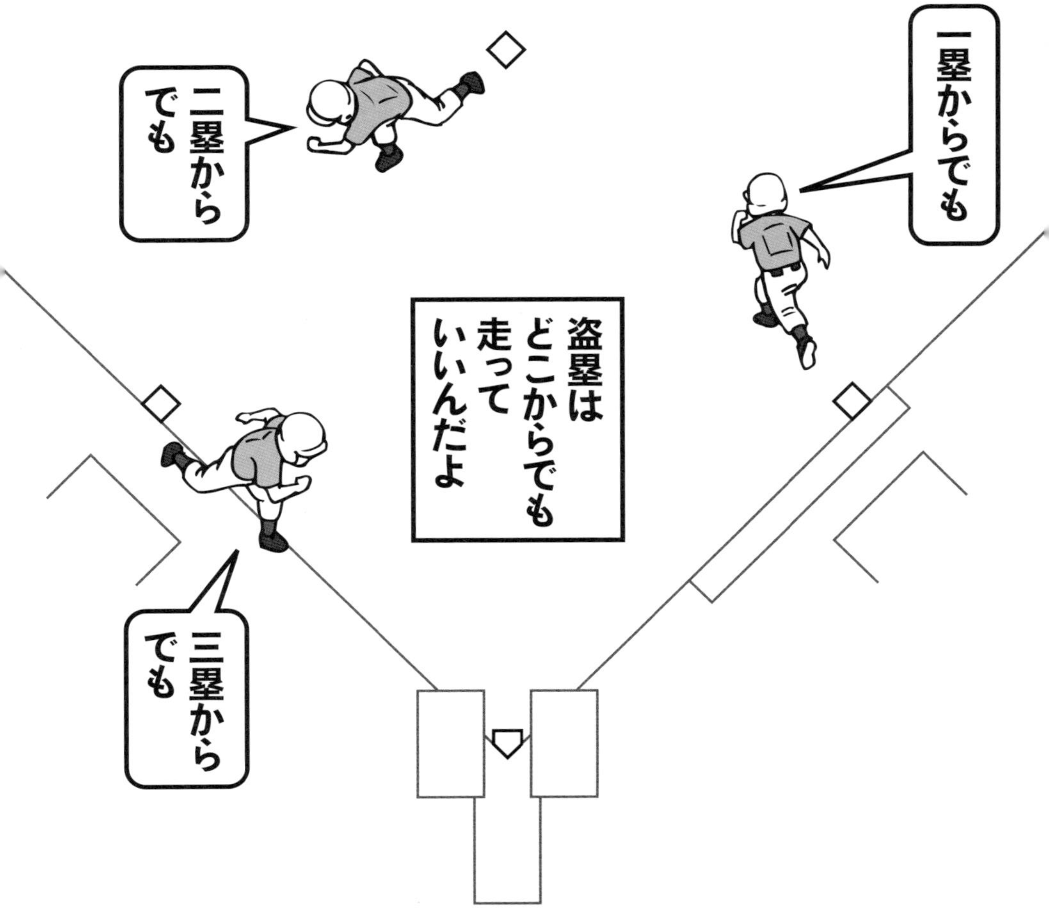
一塁からでも
二塁からでも
盗塁はどこからでも走っていいんだよ
三塁からでも

守備側にスキさえあれば、ピッチャーがボールを投げるとき以外にも「盗塁」ができる

「盗塁」というと、ピッチャーが投げた瞬間に走ると思いがちですが、守備側にスキさえあれば、ピッチャーがボールを投げるとき以外にも「盗塁」ができます。

たとえば、ピッチャーがセットポジションをし、まったくランナーに無警戒だったり、セカンド、ショートが二塁ベースから遠く離れていたりしているような場合には「盗塁」のチャンスです。

ピッチャーが投球しなくても「盗塁」してかまわない

キャッチャーの返球の際にも「盗塁」してもよい

ピッチャーが投球しなくても「盗塁」しても構わないと述べましたが、キャッチャーがピッチャーに返球するスキをついて走る「盗塁」もあります。それを「ディレイドスチール」といいます。

さらに、ランナーが一塁と三塁にいるときには、先に一塁ランナーが二塁へ向かってスタートをきり、キャッチャーが二塁送球をしたのを見て三塁ランナーが本塁へスタートをきる「ホームスチール」もあります。

キャッチャーが返球したスキに盗塁だ
しまった。三塁ランナーにホームスチールされたよ

ランナーの守備妨害

打球を処理する寸前の野手にぶつかると「守備妨害」

ランナーは走路内を走っているときでも、打球を処理する寸前の野手や、すでにボールを手にしている野手にぶつかると「守備妨害」で「アウト」になります。

しかし、逆に、捕球や送球に関係ない野手がランナーにぶつかった場合には「走塁妨害」になり、ランナーに１個以上の進塁が与えられます。

ランナーが打球に当たってしまったらアウト

ランナーは、打球を処理する寸前の野手や、すでにボールを手にしている野手にぶつかると「守備妨害」で「アウト」になりますが、ランナーが打球に当たっても「守備妨害」で「アウト」になります。

ただし、守備側がエラーしたボールに当たってた場合は、そのままプレーは続行します。

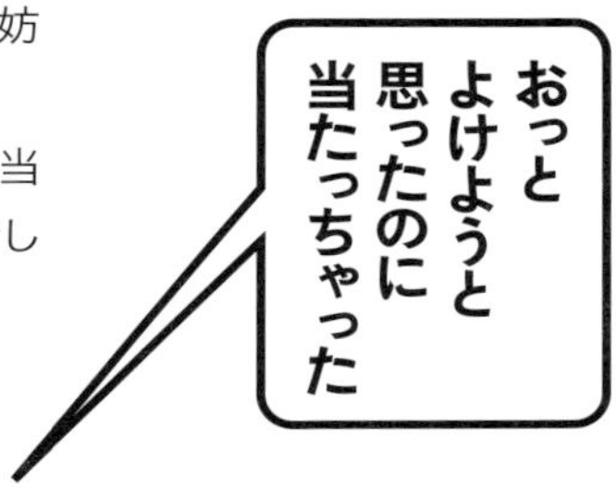
おっと
よけようと
思ったのに
当たっちゃった

カキーン
それでも
アウトーっ

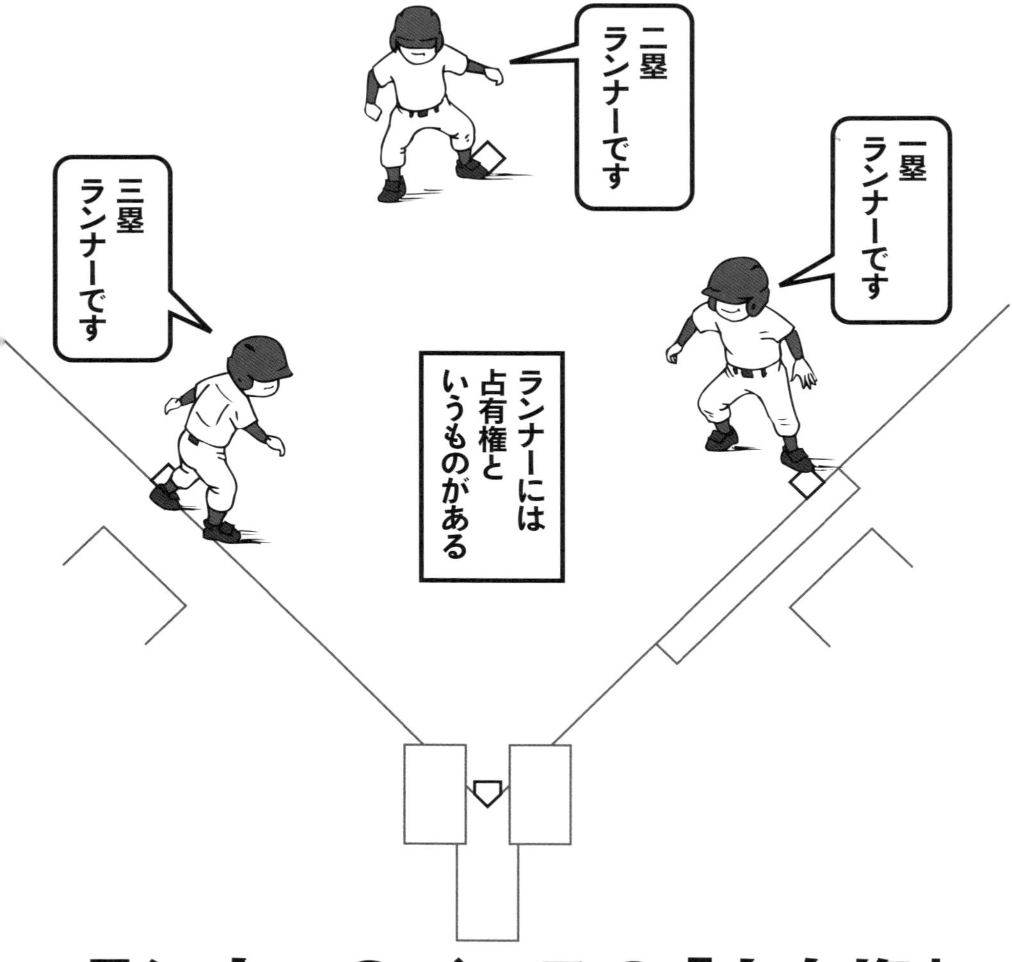
二塁ランナーです
一塁ランナーです
三塁ランナーです
ランナーには占有権というものがある

ランナーのベースの「占有権」

ランナーには「占有権」がある

一塁ランナー、二塁ランナー、三塁ランナーと呼ぶのは、そのベースを「占有」しているランナーであり、一つのベースはひとりでしか「占有」できません。

たとえば、バッターが四球になった場合には、一塁ランナーはバッターランナーに一塁ベースの「占有権」を譲り、自分が今度は二塁ベースを「占有」します。

一つのベースにランナーが二人立ったら「後ろのランナー」がアウト

一つのベースはひとりしか「占有」できませんが、ランダウンプレー（ランナーを挟み撃ちにすること）などがあった場合には、ときどき、一つのベースにランナーが二人立ってしまう場合があります。

そんな場合は、前のランナーに「占有権」があり、いくら先にベースを踏んでいても、二人ともタッチされれば後ろから来たランナーは「アウト」になります。

二人とも
タッチされたら
後からきた
ランナーが
アウトになるんだ
前のランナーに
占有権があるんだよ

アピール
ベースを踏みませんでしたよ
しまった。ベースを踏まなかった
アウトーっ

ベースを踏み忘れたら?

ベースを踏まなかったランナーが「アウト」

進塁を焦るばかりに、ついついベースを踏み忘れてしまい、そのまま次の塁まで走ってしまうということがあります。

この場合、守備側がボールを保持して「ランナーが踏まなかったベースを踏んでアウト」と「アピール」すれば、ベースを踏まなかったランナーは「アウト」になります。アピールプレーはボールインプレー中で、かつ次のプレーが行われる前までに行わないと消めつします。

自分以外のランナーがベースを踏み忘れた場合

二死ランナー一塁の場面でフェンスオーバーのホームランを打ったとします。このときに、一塁ランナーがホームインを急ぐあまり二塁ベースを踏み忘れた場合、守備側から「一塁ランナーがベースを踏まなかった」とボールを保持して二塁ベースを踏んで「アピール」があれば、ベースを踏まなかった一塁ランナーが「アウト」になり、そこで3アウトが成立し、せっかく打ったバッターのホームランは取り消されます。

やったーっ
サヨナラー
サヨナラのケースでも、ちゃんと次の塁を踏まないとアウト!!になる
アンパイア

ランナーの「進塁の放棄」

ランナーは進塁を放棄してはならない

たとえば、同点で迎えた最終回裏の二死ランナー満塁の場面で、バッターが右中間にヒットを打ったとします。当然、三塁ランナーがホームインすれば「サヨナラ勝ち」になりますので、三塁ランナーが喜んでホームを踏みます。

その三塁ランナーのホームインを見て、一塁ランナーが二塁手前でベースを踏まずに、サヨナラヒットを打ったバッターにかけよります。

これを見て、守備側がボールを二塁に転送し、そこで「フォースアウト」。三塁ランナーのホームインは取り消されます。

つまり、ランナーは必ず次の塁のベースを踏まなくてはなりません。このようなケースをランナーの「進塁の放棄」といいます。

四球の「押し出し」に「放棄」はない

しかし、同点で迎えた最終回裏の二死ランナー満塁の場面という同じケースでバッターが四球を選んだときは別です。

四球で「押し出し」の場合には、三塁ランナーさえホームベースを踏めば、一塁ランナー、二塁ランナーが次の塁を踏まなくても「進塁の放棄」にならずに「サヨナラ勝ち」が成立します。ただし、バッターランナーは一塁ベースを踏まなくてはいけません。

でも四球の押し出しなら次の塁を踏んでこなくてもいいのです
やったーっ
サヨナラー

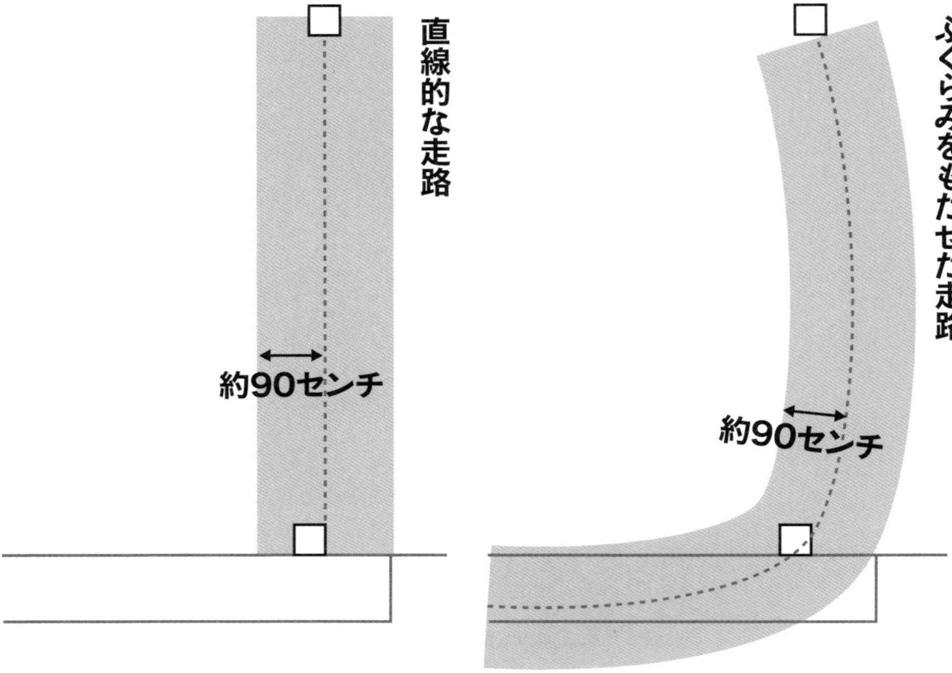
直線的な走路
約90センチ
ふくらみをもたせた走路
約90センチ

ラインアウト

塁と塁とを結ぶラインから左右約90センチの幅がランナーの「走路」

　ランナーには「走路」というものがあります。それは塁と塁とを結ぶラインから左右約90センチの幅です。

　ただし、二塁打を狙って一塁ベースを大きくふくらんで回りこむ場合の走路は、そこが「走路」になるので、「走路」を外れて走ったからといって「アウト」になるわけではありません。

ランダウンプレーの際に「走路」を外れて逃げたら「ラインアウト」になる

ランダウンプレー（野手が挟み撃ちになること）のときに、ランナーは「走路」を外れてタッチを逃げてはいけません。逃げた場合は、たとえタッチされなくても「走路」を外れた時点で「アウト」になります。これを「ラインアウト」といいます。

前のランナーを追い越してしまったらアウト

絶対に前のランナーを追い越してはいけない！

ランナーがいるときにバッターが大きな当たりを打ったとします。バッターは打球が外野を抜けると思って一目散に走ります。しかし、ランナーとしてはいくら大きな当たりでもフライが捕球されたら帰塁しなくてはならず、ハーフウエーで躊躇しているとします。こんなときに勢い余ったバッターがついランナーを追い越してしまうということがあります。

この場合、ランナーを追い越したバッターが「アウト」になります。

SCENE 4

投手のルール

軸足をプレートから離したり、前に踏み込んだりして投げてはいけない

ピッチャーの投球には、ワインドアップとセットポジションがあり、ワインドアップは最初ホームに正対し、そこから両腕を大きく振りかぶり、軸足を踏みかえるようにして投球します。このとき、軸足をピッチャープレートから離したり、前に踏み込んだりして投げてはいけません。

ワインドアップとノーワインドアップ

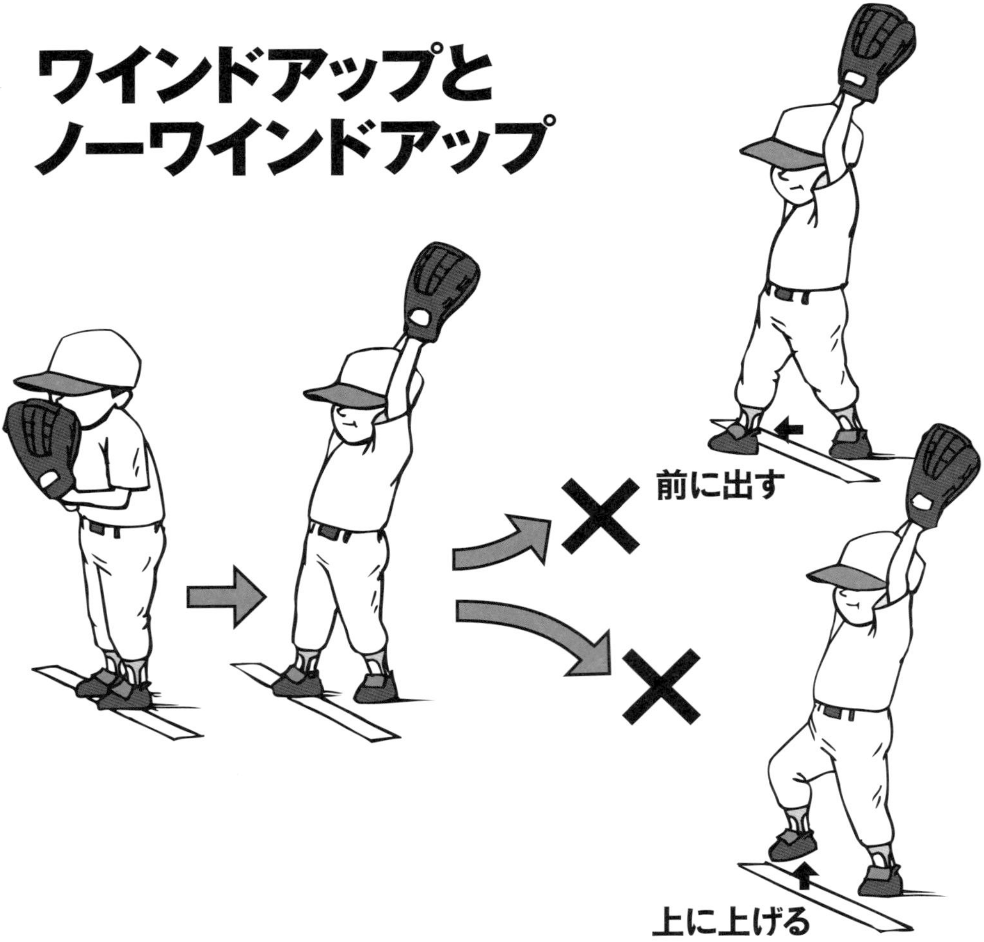

ノーワインドアップも ワインドアップと同じ

　また、両腕をワインドアップのように大きく振りかぶらずに、グラブとボールを体の正面でキープし、そのまま投球モーションに入る「ノーワインドアップ」という投げ方もありますが、この場合も最初ホームに正対し、軸足を踏みかえるようにして投げるので、ワインドアップと同じく、軸足をピッチャープレートから離したり、前に踏み込んだりして投げてはいけません。

プレートから足を はなしてはいけない

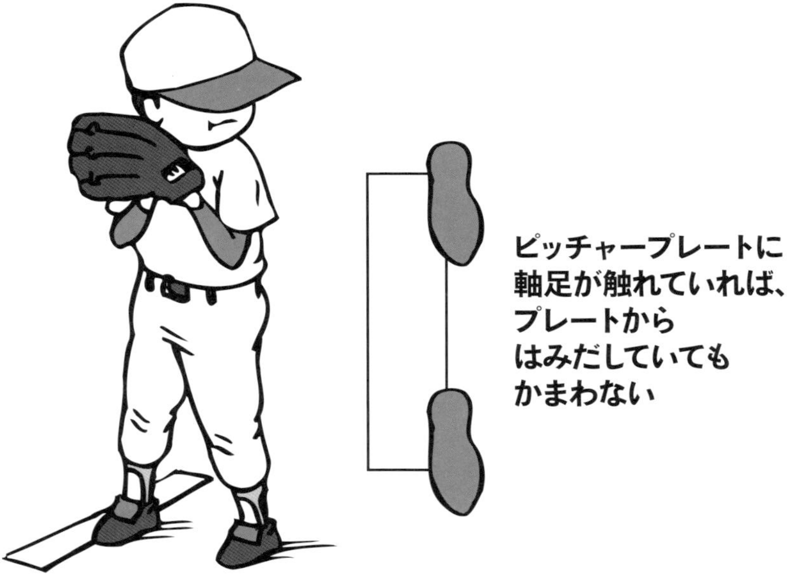
ピッチャープレートに
軸足が触れていれば、
プレートから
はみだしていても
かまわない

セットポジション

軸足をピッチャープレートに着ける

　セットポジションは軸足をピッチャープレートに着け、もう一方の足をピッチャープレートの前（ホーム方向）に置き、体の前でボールとグラブをセットし、そこから振りかぶらずに投球モーションに入る投げ方です。

　軸足でピッチャープレートを踏みかえる必要がないので、すぐそのまま投球モーションに入れます。

　2012年までは軸足がピッチャープレートの左右の縁からつま先やかかとが出ていてはいけませんでしたが、2013年からはピッチャープレートに軸足が触れていれば、どこを踏んでいてもよいことになりました。

牽制球はセットポジションから投げる

「セットポジション」に入り投球するときは、体の前で両手を合わせたら完全に静止し、首から下は動かしてはいけません。

とくに、ランナーが出塁した場合には、盗塁を阻止するために、この「セットポジション」での投球となりますので、ランナーを見るときに、首から下、とくに両肩を動かすと「ボーク」になります。

×
肩を
上下させては
いけない

×
グラブは
一度とめたら
動かしては
いけない

×
首以外は
どこも
動かしては
いけない

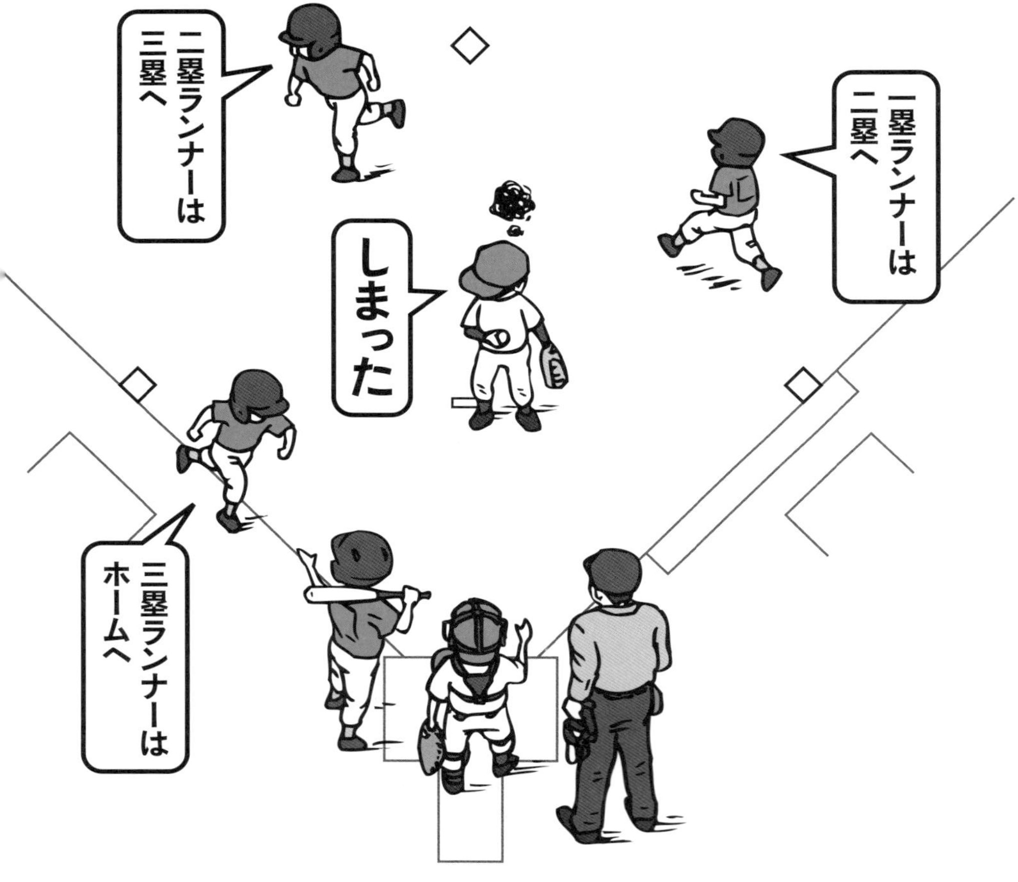

ピッチャーのボーク

「ボーク」が宣告されると、ランナーにそれぞれ1個の進塁が与えられる

ランナーがいるときに、ピッチャーが正しくない投球（不正投球）や正しい投げ方でない牽制球を投げた場合には、「ボーク」が宣告されます。

この「ボーク」が宣告されると、ランナーにそれぞれ1個の進塁が与えられるために、三塁ランナーの場合にはホームインということになります。

ランナーがいないときの「不正投球」は「ボーク」ではなく「ボール」が1個与えられます。

「ボーク」の投球を打ったときには攻撃側の有利が優先される

もしも「ボーク」の投球をバッターがそのまま打った場合、ゴロやフライ、三振などで「アウト」になったら、そのまま投球の「ボーク」が優先されますが、打球が「ヒット」や「ホームラン」になったら、攻撃側の有利が優先され、そのままプレーが続行されます。

ワーッ
ワーッ
やったーっ! ホームラン
えっ、いまのボークじゃなかったの?
ボークでもホームランを打てばホームラン!

セットポジションをとって「牽制球」を投げる

ランナーのリードを小さくさせたり、大きなリードをとっているランナーを「アウト」にしたりする目的でピッチャーが各塁に投げるボールのことを「牽制球」といいます。

しかし、この「牽制球」の投げ方にもちゃんとルールがあります。

いったん投球動作をおこしたら「牽制球」は投げられません。ただし、その前ならどの段階からでも「牽制球」は投げられます。

セットポジションをとる前でも牽制球は投げられます。

ピッチャーの牽制球（1）

リーリーリー
ピッチャーは
セットポジションをとって、
ここから牽制球を
投げるんだよね

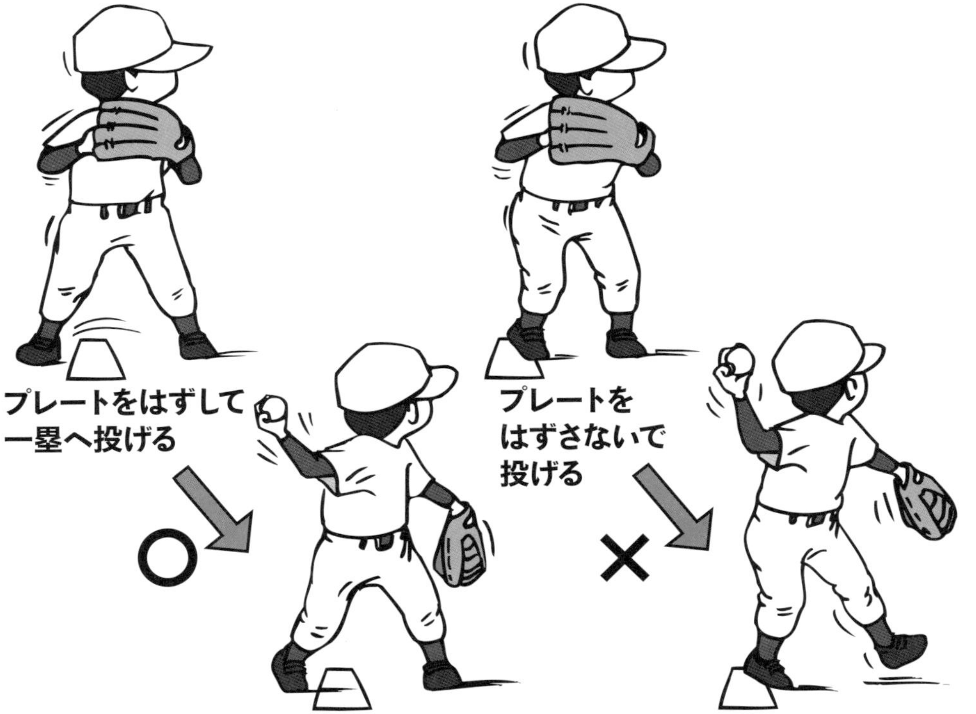
プレートをはずして一塁へ投げる
○
投げるふりをしてもOK
プレートをはずさないで投げる
×
投げるふりは「ボーク」

一塁牽制球は２通りある

一塁牽制球は、軸足をピッチャープレートから外して投げる場合とピッチャープレートから外さないで投げる場合と2通りあります。

軸足をピッチャープレートから外すときは、必ず二塁方向側へ外すこと。軸足を外せば、牽制球を途中でやめてもいいし、投げるふり（偽投）をしてもかまいませんが、軸足を外さないで牽制球を投げる場合は、途中でやめたり、投げるふりをしたりしてはいけません。ただちに「ボーク」が宣告されます。

二塁と三塁への牽制球は軸足をピッチャープレートから外さなくてもOK

　二塁への牽制球も、軸足をピッチャープレートから外して投げる場合とピッチャープレートから外さないで投げる場合と2通りあります。

　ただし、一塁への牽制球と違って、二塁と三塁への牽制球は軸足をピッチャープレートから外さなくても、途中でやめてもいいし、投げるふり（偽投）をしてもかまいません。つまり「ボーク」にはなりません。

ピッチャーの牽制球（2）

二塁への牽制球は、プレートをはずさなくても偽投してもかまわない

右回りでも左回りでもOK!
「ボーク」にならない

二塁への牽制球は、セットポジションからグラブをしている手の方向へターンして投げる投げ方と、グラブをしていない手、つまりボールを握っている手の方向へターンして投げる投げ方と2通りあり、どちらの投げ方でも真っすぐ足を踏み出せば「ボーク」にはなりません。

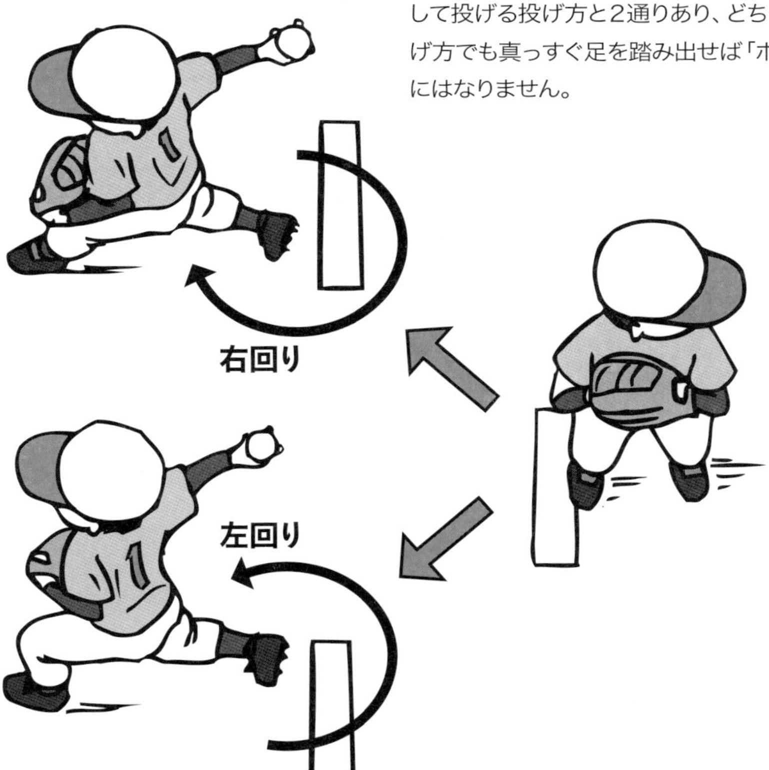

投球と同じように足を上げて投げることができる

左ピッチャーの場合、セットポジションをとると、目の前にランナーが見えているだけに牽制球を投げやすいという利点があります。しかも、投球と同じように右足を上げてそのまま牽制球を投げることができるので、ランナーとしてはあまり大きなリードをとれず、投球と思ってリードすれば牽制球にひっかかりやすくなります。

ただし、上げた右足がピッチャープレートのうしろのラインを超えた場合は、投球しかできず、そこから牽制球を投げたら「ボーク」になります。

また、軸足でないほうの足は牽制球を投げる場合には必ず一塁方向へ踏み出すことになっています。ホーム方向へ足を踏み出して牽制球を投げたら「ボーク」です。

ピッチャーの牽制球（3）

上げた足がプレートのうしろのラインを超えて牽制球を投げたら「ボーク」

　右ピッチャーの三塁への牽制球も、左ピッチャーの一塁への牽制球と同じように、目の前にランナーが見えているだけに牽制球を投げやすいという利点があります。

　ただし、こちらも上げた左足がピッチャープレートのうしろのラインを超えた場合は、投球しかできず、そこから牽制球を投げたら「ボーク」になります。

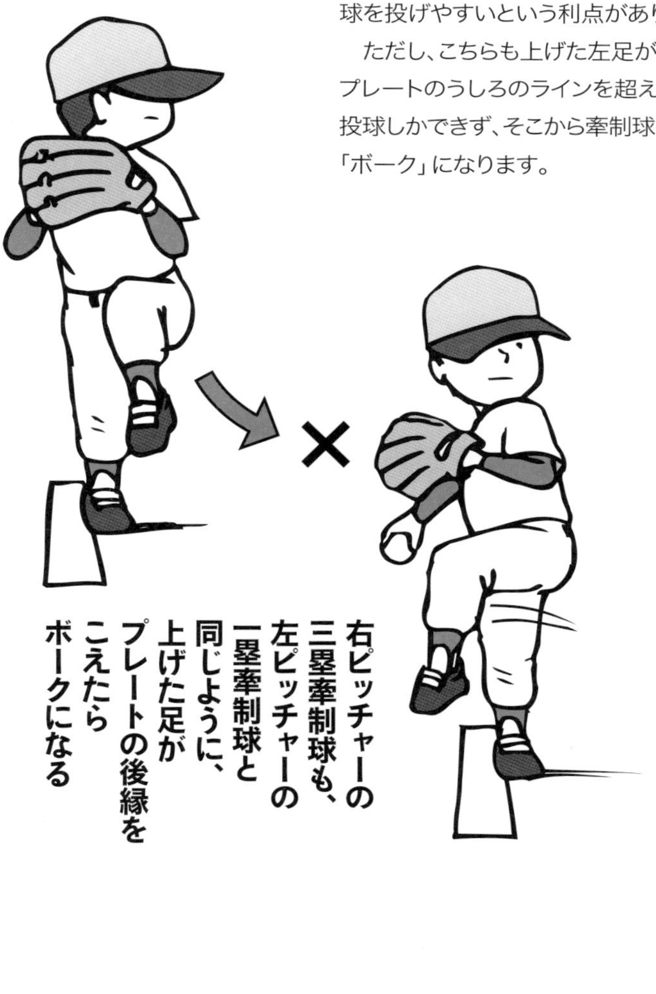

右ピッチャーの
三塁牽制球も、
左ピッチャーの
一塁牽制球と
同じように、
上げた足が
プレートの後縁を
こえたら
ボークになる

セットポジションをとったあと、一方の手をボールから離したら

額の汗を拭いたり、耳をかいたりしたら「ボーク」

グラブの中でボールを握っている手を放して、額の汗を拭いたり、耳をかいたりしてもダメです。セットポジションをとってから一方の手を放して投球しなかったら「ボーク」です。

セットポジションで「静止」しなかったら

そのまま投球してしまったら「ボーク」

ランナーの盗塁が気になると、ついつい急いで投球したくなるものです。そこで、セットポジションのときに完全に静止しないでそのまま投球してしまったら「ボーク」です。

ランナーが
気になる
なあ
セット
ポジションで
止めていない
サッサと
投げてしまえ
エイッ
ボーク

投球を途中でやめたら

「投球動作の中止」は「ボーク」

投球しようと思って軸足と反対の足を上げた途端に、ランナーが走ったのに気がつき、投球動作を途中でやめてしまったら「投球動作の中止」ということになり、「ボーク」です。

ランナーのいない塁に牽制球を投げたら

「遅延行為」で「ボーク」

　ランナーがいないと知っていて投げるというよりも、ついついそこにランナーがいると勘違いして投げてしまうのが、ランナーのいない塁へ投げてしまう牽制球です。しかし、それでもこの行為は勘違いでは済まされず「遅延行為」で「ボーク」になります。また、投げなくても投げるまねをしても「ボーク」です。

ランナーのほうを向いたまま投球したら「ボーク」

いかにもランナーに対して牽制球を投げる感じで、ランナーのほうを向き、バッターには正対しないで、投球した場合、これも「ボーク」です。

バッターに正対しないで投げたら

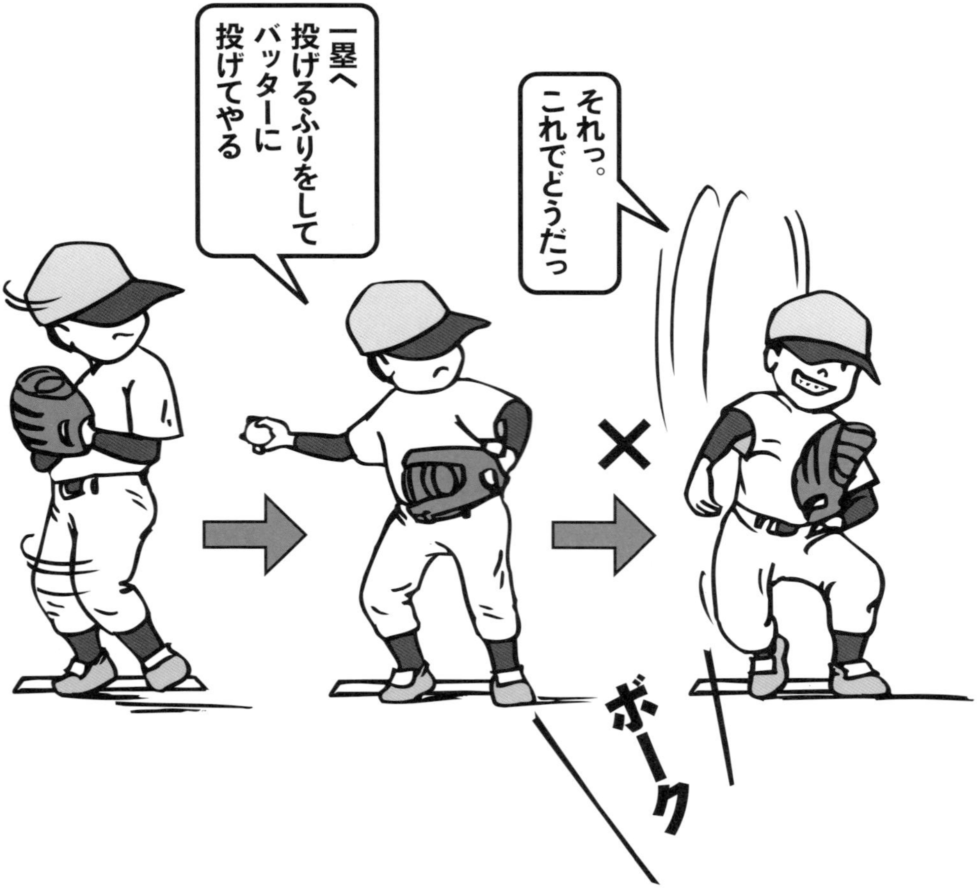
一塁へ投げるふりをしてバッターに投げてやる
それっ。これでどうだっ
ボーク

数センチでも前のほうから投球したら「ボーク」

少しでもホームに近づいて投げたいという気持ちから、ピッチャープレートを踏まないで、数センチでも前のほうから投球したら「ボーク」です。

とにかくピッチャーはピッチャープレートに足を触れた状態で投げなくてはいけません。

ピッチャープレートを踏まないでモーションを起こしたら

少しでも
ホームに近づいて
投げたほうが
有利だから……
前から
投げてやれっ。
えーい
×
ボーク

ボールを持っているふりをして
プレートに立ったり、
またいだりしたら「ボーク」

ランナーにゆだんをさせておいて、すぐ近くにいる内野手が、ランナーがリードした途端にタッチしてランナーを「アウト」にすることを「かくしダマ」といいますが、このときに、いかにもボールを持っているふりをしてピッチャーがピッチャープレートに立ったり、またいだりしたら「ボーク」です。

ボールを持たないで、ピッチャープレートに立ったら

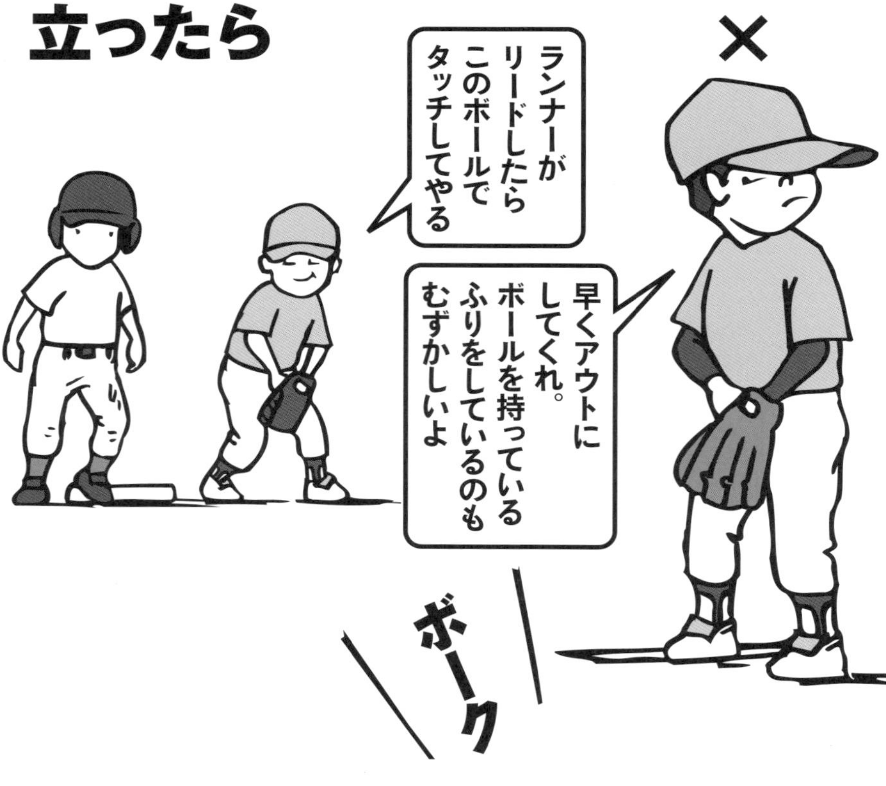
×
ランナーがリードしたらこのボールでタッチしてやる
早くアウトにしてくれ。ボールを持っているふりをしているのもむずかしいよ
ボーク

ピッチャープレートに触れているときにボールを落としたら

軸足がプレートに触れているときにボールを足もとに落としたら「ボーク」

　セットポジションに入るときにボールを落としてしまったり、投球動作中にボールを足もとに落としたりしたら「ボーク」です。

　とにかく、ランナーがいるときに、軸足がピッチャープレートに触れているときにボールを足もとに落としたら「ボーク」ということになります。

バッターが構える前に投げたら

「クイックピッチ」という
「反則投球」になり「ボーク」

　バッターがバッターボックスに入り、まだバットを構える前に投げたら「クイックピッチ」という「反則投球」になり「ボーク」です。

牽制球をベースから離れている内野手に向かって投げたら

牽制球は各塁に投げて走者をアウトにするのが目的

牽制球は走者をアウトにするために投げるものであって、ベースから離れている野手に投げたらアウトにするためではないから「ボーク」。

二塁などにランナーがいるときに、ピッチャーが素早くターンして牽制球を投げようとしたら、なんとショートもセカンドも定位置にいてベースに入ってこない。そこでピッチャーは仕方なく、定位置にいたショートに牽制球を投げてしまった場合、「ボーク」になります。

なぜなら牽制球は走者をアウトにするために投げるものであって、ベースから離れている野手に投げたら牽制球ではなくなるからです。

キャッチャーのボーク

キャッチャーが
キャッチャーボックスから
片足をだしていたら「ボーク」

記録上はピッチャーの「ボーク」なのですが、キャッチャーの行為によって、「ボーク」になるケースがあります。

それは、敬遠の故意四球を企て、立って捕球しようとするときには、キャッチャーはピッチャーの投球寸前までキャッチャースボックスから片足でも出してはいけないことになっています。そこで、片足でも出していれば「ボーク」となります。

実際にランナーに対しての牽制球であれば何球投げてもOK!

　足の速いランナーがいると、ピッチャーとしてはどうしても牽制球を投げてランナーをベースに釘付けにしたくなります。そこで何球でもこれでもかというほど牽制球を投げるピッチャーがいますが、実際にランナーに対しての牽制球であれば制限なく何球投げても「「ボーク」にも「不正投球」にもなりません。

牽制球は何球投げても構わない？

これで12球目だよ。ちょっと投げすぎじゃないの
いや。何球以上投げてはいけないというルールはないんだよ

指を
ケガしたんだから
仕方ないだろう
指先に
バンドエイドを
巻いている

指先にバンドエイドをして投げたら

異物を指先に巻いて投球することは許されない

　ピッチャーの場合、たとえケガをしていたとしても指先に包帯やバンソウコウ、バンドエイドなどの異物を指先に巻いて投球することは許されません。

　マウンドに上がった時点で球審に注意されて、その異物をとって投げるか、降板するしかないでしょう。

SCENE 5

守備のルール

９人の選手が各ポジションについて戦う

野球は一つのチームに選手が９人そろわなくてはできないゲームです。そして、その９人の選手が各ポジションについて戦います。

各ポジションにはそれぞれ守備位置というものがあります。

守備位置

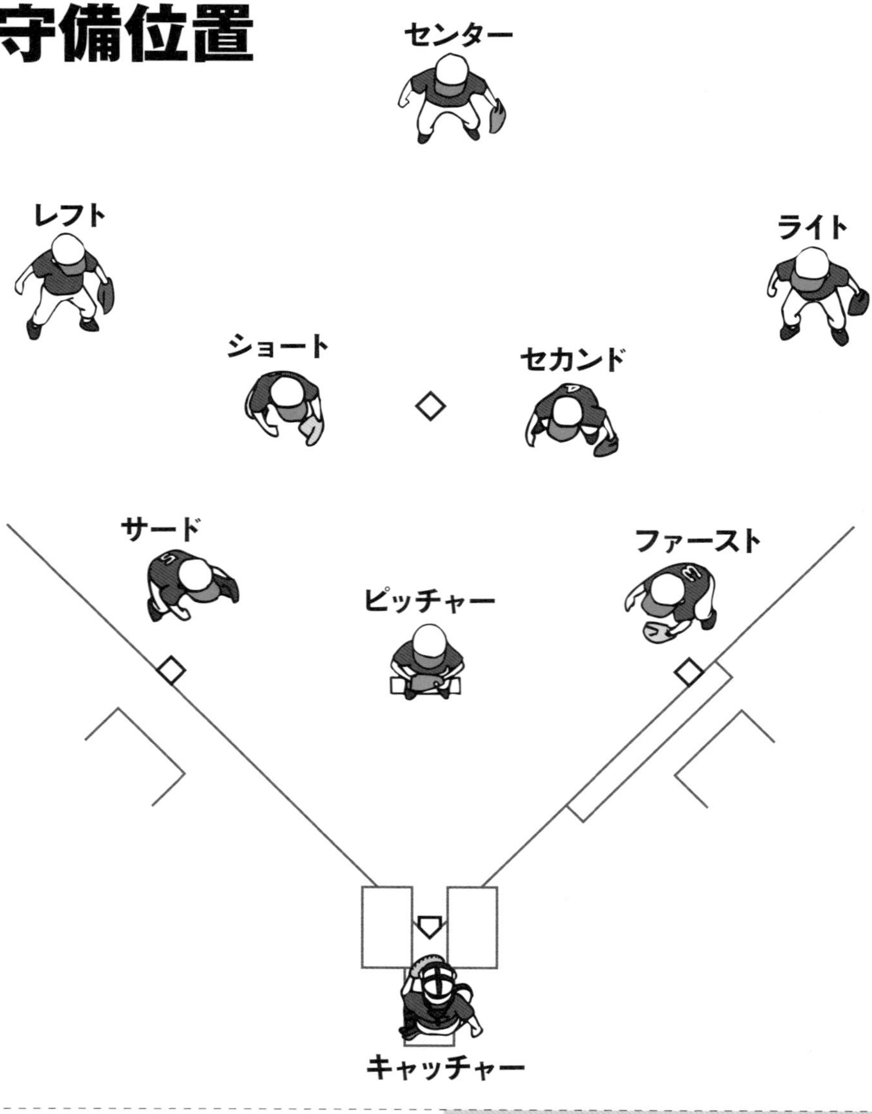
センター
レフト
ライト
ショート
セカンド
サード
ファースト
ピッチャー
キャッチャー

フェア地域ならどこで守ってもよい

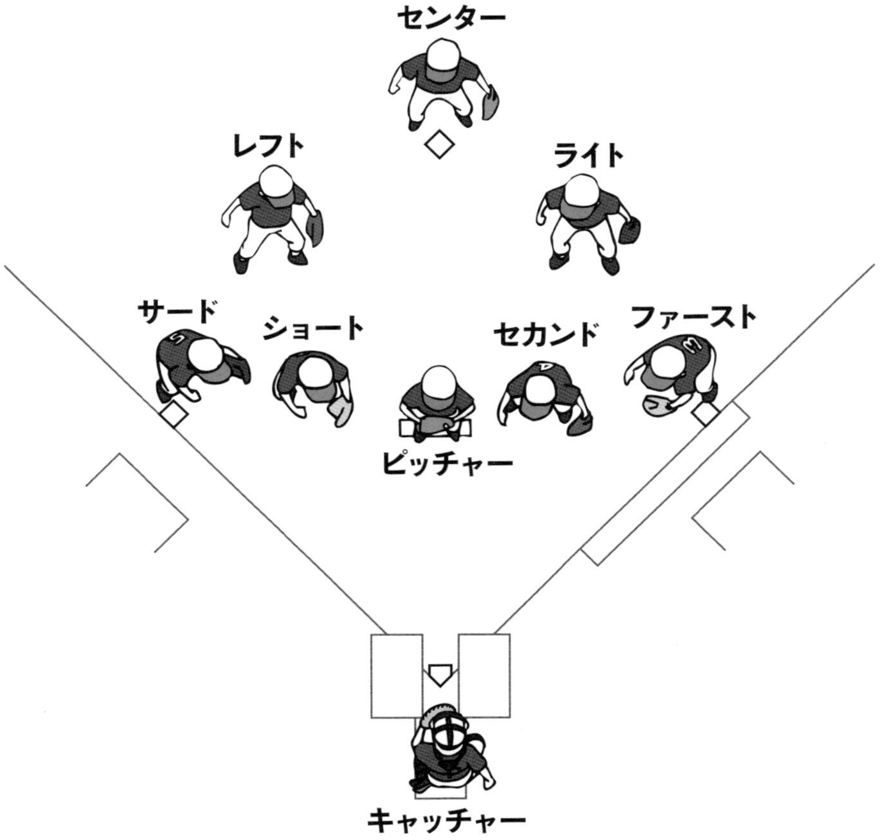
センター
レフト
ライト
サード
ショート
セカンド
ファースト
ピッチャー
キャッチャー

フェア地域なら どこで守ってもかまわない

各ポジションには守備位置というものがありますが、ピッチャーとキャッチャー以外はどこを守ってもかまいません。

外野手が外野を二人もしくは一人で守ってもかまいませんし、極端なことをいえば、全員「内野」で守ってもかまいません。

ただし、いくら相手バッターがファウルが多いからといって、最初からファウルグラウンドで守ってはいけません。

キャッチャー以外は必ずフェアグラウンドで守らなくてはならないルールになっています。

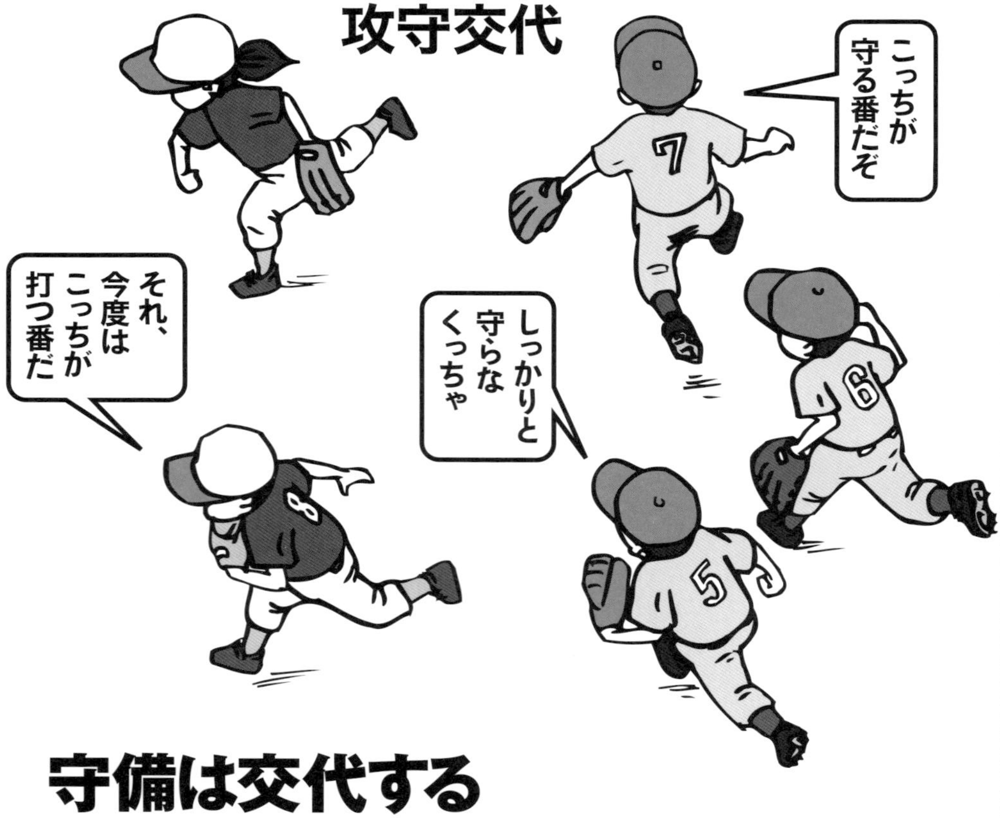
攻守交代
こっちが守る番だぞ
それ、今度はこっちが打つ番だ
しっかりと守らなくっちゃ

守備は交代する

それぞれのチームが攻撃と守備を交互に行う

野球は二つのチームが得点を競うスポーツですが、それぞれのチームが攻撃と守備を交互に行うのが特徴であり、先攻と後攻を決め、一回表には先攻のチーム、一回裏には後攻チームが攻撃します。

守備は「スリーアウト」でチェンジになる

その攻守の交替は、守備側の「アウト」三つ（スリーアウト）でチェンジになります。

地面
すれすれでも
キャッチすれば
OKさ
パシッ
帽子で
キャッチしても
正しい捕球に
ならないよーっ

正しい捕球

打球が地面に落ちる前にグラブもしくは手で確実につかむこと

　正しい捕球とは、打球が地面に落ちる前にグラブもしくは手で確実につかむことです。

　帽子やユニホームのポケットなどでキャッチしたとしても、それは「正しい捕球」とは認められません。

　また、一度グラブに当てたボールがこぼれたとしても、地面に落ちる前に再びグラブもしくは手でキャッチすれば「正しい捕球」とみなされます。

送球体勢に入ってからの落球は「捕球」とみなされる

さらに、グラブで確実に捕球したのちに送球体勢に入ってから落球したような場合は、「ボールを保持したあとの落球」となるので、送球体勢に入る前に「正しい捕球」があったと判断されます。

正しい捕球と認められない場合

外野フライが「捕球」とみなされない場合

外野フライの場合、一度ボールをグラブに入れても、フェンスに当たって落球したり、ランニングキャッチ、スライディングキャッチなどで、ポロリと落球したら、「正しい捕球」とは認められません。

プロテクターでキャッチ？

マスクでキャッチ？

キャッチャーにも「正しい捕球」「認められない捕球」がある

キャッチャーの「正しい捕球」とは、ピッチャーの投げたボールやファウルチップを直接ミットでキャッチすることです。

ボールが地面はもちろん、マスク、プロテクター、レガーズ、球審などに当たってからキャッチしたとしても「正しい捕球」とは認められません。

ランナーに進塁義務がない状態のときにタッチプレーが成り立つ

　タッチプレーは、ボールを握っている手やボールをつかんでいるグラブをベースから離れているランナーに直接触れて「アウト」にするプレーのことです。

　ランナーに進塁義務がない場合、つまり、走ってもよい、走らなくてもよい状態のときに、このタッチプレーが当てはまります。

タッチプレー

進塁義務が生じたときに
フォースプレーが成り立つ

自分が一塁にいるときに、バッターがゴロを打ったら、一塁ベースを明け渡して二塁へ進まなくてはなりません。それを「進塁義務」といいます。自分が二塁にいるときに一塁にランナーがいるときも、自分が三塁にいるときに、一塁にも二塁にもランナーがいるときも同じです。

フォースプレー

ダメだ。間に合わない
フォースアウトだよ
パシッ

一つの打球で二つ「アウト」にするのがダブルプレー

すでに塁上にいるランナーやバッターを一つの打球で「二つのアウト」にすることを「ダブルプレー」といいます。

たとえば、ランナーが一塁にいるときにゴロがショートへ飛んだ場合、ショートは二塁へ送球して一塁ランナーを「アウト」にします。ショートからの送球を受けて二塁ベースを踏んだセカンドは素早く、一塁へ送球してバッターを「アウト」にし、一つの打球で「アウト」を二つとります。こうして「ダブルプレー」は成立します。

ダブルプレー

こっちでワンアウト
ダブルプレー成立!!
こっちでツーアウト

一つの打球で三つ「アウト」にするのがトリプルプレー

一つの打球で二つの「アウト」をとるのが「ダブルプレー」なら、一つの打球で三つの「アウト」をとるのが「トリプルプレー」です。

「ダブルプレー」はランナーが一塁にいるときには、ある程度はあり得るプレーですが、「トリプルプレー」はめったに見ることのできないプレーです。それはランナーの飛び出しミスなどが重ならない限り見られないプレーだからです。

トリプルプレー

ノーアウト
一塁、二塁で
サードゴロを
サードが捕球し、
ベースを踏んで
ワンアウト
サードからの
二塁送球を
セカンドが
受けて
ツーアウト
セカンドからの
一塁送球を
ファーストが
受けて
スリーアウト
トリプルプレー
成立!!

フィルダースチョイス

「野手」の「選択」まちがいによって起こるプレー

フィルダースチョイスとは日本語で「野手選択」といいます。つまり「野手」の「選択」まちがいによって起こるプレーのことです。

たとえば、ゴロを捕球した内野手が一塁に送球しないで、前のランナーを「アウト」にするつもりで投げたが、間に合わずに「セーフ」になってしまったときに「フィルダースチョイス」になります。

しまった。
間に合わな
かったかーっ

セーフ
フィルダースチョイス!!

審判員に対して守備側が「アウト」を主張するアピールプレー

攻撃チームが「ルール違反」をしたときに、審判員に対して守備側が「アウト」を主張することを「アピール」といいます。

この「アピール」をするためには、違反プレー直後に球審が「プレー」を宣告した時点で、ランナーにタッチするか、ベースを踏んで「アウト」を審判員に申し出ます。

ピッチャーが次の投球をしたり、牽制球を投げたりしたら、もう「アピール」は無効になってしまいます。

アピールプレー

ベース踏んでない
アウト
三塁ランナーのタッチアップが早すぎましたよ

打撃妨害

バットを振る妨害をしたら「打撃妨害」

　バッターが投球を打ちにいったときに、わざとではなくてもキャッチャーがミットを前に出しすぎてバッターが振ったバットに当ててしまったときには「打撃妨害」となり、バッターに一塁への進塁が許されます。

あっ。ミットを打っちゃった
バシッ

ドンッ
何でそんなところに立っているんだよ
通さないよーっ
それって明らかな妨害だろうよ

走塁妨害

**野手がボールを持って
いないときとかにランナーの
邪魔をするのが「走塁妨害」**

守備側の「走塁妨害」のことを「オブストラクション」といいますが、オブストラクションとは、野手がボールを持っていないときとか、ボールを捕ろうとしていないときに、ランナーの邪魔をすることです。

守備側の「だまし」を防ぐためのルールが「インフィールドフライ」

ノーアウトかワンアウトで、ランナーが一・二塁、または満塁の場面での内野フライで、内野手がふつうに守備をすれば捕球できると判断したときに、審判が「インフィールドフライ、バッターアウト！」と宣告すれば、バッターは、捕球前に「アウト」になります。それが「インフィールドフライ」のルールです。

なぜなら、このケースで内野手が捕球をするふりをして、わざと打球を落とすと「ダブルプレー」になりかねないので、そうした守備側の「だまし」を防ぐためのルールとなっています。

インフィールドフライとは？

インフィールドフライ！
バッターアウト
えっ。
まだ捕球して
いないのに
バッターは
アウトなの？

インフィールドフライが宣告されない打球

この「インフィールドフライ」の宣告は、明らかにふつうの守備で捕球できるフライのときのみ宣告されるものであり、ライナーやバント失敗の小フライのときには適用されず、宣告されることはありません。

バントは
フライになっても、
インフィールド
フライには
ならないん
だってさ
なんだ。
フライだから
捕りにいかな
かったのに

本間正夫
（ほんままさお）

1953年（昭和28年）8月28日、群馬県前橋市生まれ。上京後、編集者を経て、1982年（昭和57年）からフリーの文筆業に。マンガの原作・シナリオ構成、クイズ・パズル作成のほか、ビジネス関連、スポーツ関連の取材等々、多岐に渡って、旺盛に執筆活動を続けている。野球に関しては、学生時代から少年野球の監督、コーチとして指導に従事し、現在、草野球チーム「BEERS（ビヤーズ）」監督兼投手。主な著書に『少年野球「基本と上達」のすべて』『少年野球「ルール」のすべて』『少年野球「バッティング」のすべて』『少年野球「コーチ術」のすべて』『少年野球「バッテリー」のすべて』（以上、主婦の友社）『絶対にうまくなる少年野球』（実業之日本社）『勝つ！ 草野球』（ベースボールマガジン社）等々がある。

子どもが野球をはじめるときに知っておきたい
少年野球のルール

2013年3月31日 第1刷発行

著　者 本間正夫
イラスト 浜中せつお
発行者 大田川茂樹

発行所 株式会社 舵社
〒105-0013
東京都港区浜松町1-2-17 ストークベル浜松町
電話 03-3434-5181（代表）、03-3434-4531（販売）

装　丁 木村 修
印　刷 株式会社 大丸グラフィックス

○落丁・乱丁本はお取り換えいたします。
○定価はカバーに表示してあります。

ISBN978-4-8072-6551-0